Helmar Neubacher



# »IDEALER FÜHRER«

oder

# ZWEISTROM-SOZIALISMUS

## – Rettungsanker für die Menschheit?

.....die »Friedliche Revolution«

des kleinen DDR-Volkes von 1989

lebt weiter!

***Eine fiktive Streitschrift***

**Helmar Neubacher,** geboren am 6. April 1940 in Sakuten, Kreis Memel, damals Deutschland – Studiendirektor i.R.

Vom Autor bisher veröffentlichte Bücher:

CHEOPS-PYRAMIDE
gebaut mit den eigenen BARKEN
Lösung des Jahrtausendrätsels:
MASCHINEN des HERODOT + KRAFT des WASSERS
ISBN-13: 978-3-8370-6236-6

Das RAD des PHARAO
7 Vorbedingungen für den Bau der Cheops-Pyramide
DER BAU BEGINNT
ISBN: 978-3-8370-2310-7

VERMÄCHTNIS des HERODOT
zum Bau der
CHEOPS-PYRAMIDE
Jahrtausende altes Mysterium gelüftet:
100.000 Mann – Hydrostatik – 230 Steinhebemaschinen
ISBN: 978-3-8391-1486-5

PRINZESSIN DER HERZEN
– ein Drama im Spiegel der Galaxien
ISBN: 978-3-8423-5222-3

ADOLF HITLER »DAS BÖSE«
– und die Rache des Ziegenbocks von Leonding
ISBN: 978-3-8448-8977-2

ADOLF HITLER »THE EVIL«
– and the Revenge of the Billy Goat of Leonding
ISBN: 978-3-7481-8276-4

ICH HABE VIEL ZU LANGE GESCHWIEGEN
Sozialdempkratie am Abgrund! Deutschland am Abgrund?
ISBN: 978-3-7322-1418-1

Wir sind DAS VOLK
BRUCH der SCHERE zwischen ARM und REICH
Eine Steitschrift ISBN: 978-3-7448-5563-1

Helmar Neubacher

# »IDEALER FÜHRER«

oder

# ZWEISTROM-SOZIALISMUS

– Rettungsanker für die Menschheit?

.....die »Friedliche Revolution»

des kleinen DDR-Volkes von 1989

lebt weiter!

***Eine fiktive Streitschrift***

Umschlag

Entwurf und Gestaltung: *www.schaduf-book.de*

**Bibliografische Information der Deutschen Nationalbibliothek**

Die Deutsche Nationalbibliothek verzeichnet diese Publikation in der Deutschen Nationalbibliografie, detaillierte bibliografische Daten sind im Internet über http://dnb.dnb.de abrufbar.


Herstellung und Verlag: BoD - Books on Demand, Norderstedt
**ISBN: 9783750411838**



FSC
www.fsc.org
MIX
Papier aus verantwortungsvollen Quellen
Paper from responsible sources
FSC® C105338

# Inhalt

# Besondere Anmerkung zum »***Autoren-Ich***« des Verfassers

*Es mag den Leser anfangs irritieren, dass mit Hilfe einer Kunstfigur in mehreren Kapiteln dieses Buches Beschreibungen, Analysen und Bewertungen erfolgen.*

*Mit diesem Eingriff sichert sich der Autor als sogenanntes »**Autoren-Ich**« die Interpretationshoheit.*

*Insbesondere lassen sich nunmehr die theoretischen Erläuterungen über die Verfassung hin zu einer »idealen Regierungsform« mit Hilfe einer*

***Millionen Jahre alten hochintelligenten Spezies***

*aus deren Sichtweise umfassender und präziser beurteilen.*

*Die Kunstfigur heißt »Immo« – ein Student mit dem Fach Geschichte vom Volk der »Toraner«, das sich 2,5 Millionen Lichtjahre entfernt von den Menschen auf einer »Fernen Erde« innerhalb der Andromeda-Galaxie befindet.*

*»Immo« hat auf Grund des gewaltigen Wissens seines viele Millionen Jahre alten Volkes die Möglichkeit, alle Geschehnisse zu der neuen Verfassungserstellung der DDSR 1990/1991 (fiktiver Nachfolgestaat der DDR) genauestens zu beobachten, ohne aber in das Geschehen direkt einzugreifen oder sich erkennen zu geben.*

*Es ist überschaubarer direkt aus Sicht einer Hochintelligenz zu schreiben, als zu fragen, was wohl der Mensch nach einer Evolutionszeit von weiteren 1.000, 10.000 oder gar Millionen Jahren zum Treiben seiner Artgenossen im Jahre 2019 sagen würde.*

## Offener Brief an die Anhänger der Lehren von **Jesus Christus** und **Buddha**

*In der vorliegenden Streitschrift wird, im Sinne eines theoretischen Gedankenspiels, u.a. ein »idealer Führer« gesucht, der zum Wohle seines Volkes als Diktator eingesetzt werden soll – ein Diktator, der gleich zu setzen ist mit einem »idealen Alleinherrscher«. Bei diesem Vorgehen werden auch prägnante Charaktermerkmale bekannter Größen aus der Geschichte verglichen, zueinander in Beziehung gesetzt und analysiert, inwieweit diese Merkmale günstig dem Wohle der Menschen sind – so u.a. auch von Adolf Hitler mit Jesus Christus und Buddha.*

*Obwohl es sich um eine rein theoretische Betrachtung handelt – in diesem Fall von* ***»BÖSE«*** *und* ***»GUT«*** *bittet der Autor an dieser Stelle alle gläubigen Christen und Buddhisten um Verständnis für die vorgebrachten Formulierungen, die allein der Thematisierung der Gesamtgeschichte dienen.*

## Vorbemerkung

Am Anfang steht die Frage:

***Werden in den kommenden 2.500 Jahren genauso wie in den vergangenen 2.500 Jahren ungeeignete, machtbesessene Personen die Völker in den 200 Ländern unserer Erde weiterhin drangsalieren, bevormunden und versklaven – oder werden wir ein Regierungssystem finden, das die »BÖSEN« durch Kontrolle derart in ihre Schranken weist, so dass das »GUTE« siegt?***

An dieser Stelle einige ausgewählte, extrem voneinander abweichende Äußerungen zu Staat, Demokratie und Regierung bekannter Personen unserer Geschichte:

**Platon** (427–347 v. Chr.), Philosoph [1]

"Wer in der Demokratie die Wahrheit sagt, wird von der Masse getötet."

**Aristoteles** (384–322 v. Chr.), Philosoph [2]

"Der Staat ist eine Gemeinschaft gleichberechtigter Bürger zum Zweck der Ermöglichung der besten Lebensführung."

"Alle politische(n) Geschäfte laufen darauf hin, über andere zu regieren."

**Jean-Jacques Rousseau** (1712–1778) Philosoph [3]

"Die Freiheit des Menschen liegt nicht darin, dass er tun kann, was er will, sondern dass er nicht tun muss, was er nicht will – der Mensch ist frei geboren […]."

**Abraham Lincoln** (1809–1865) 16. Präsident der USA [4]

"Kein Mensch ist gut genug, einen anderen Menschen ohne dessen Zustimmung zu regieren."

**Wladimir Iljitsch Lenin** (1870–1924) Russischer Revolutionär [5]

"Massenerschießungen sind ein legitimes Mittel der Revolution."

"Recht ist, was der proletarischen Klasse nutzt."

"Die Kapitalisten werden uns noch den Strick verkaufen, an dem wir sie aufknüpfen."

"Vertrauen ist gut, Kontrolle ist besser."

**Josef Wissarionowitsch Stalin** (1873–1953) Russischer Diktator [6]

"Ein Toter ist sicher eine Katastrophe, aber 100.000 Tote sind nur eine Zahl für die Statistik."

"Gedanken sind mächtiger als Waffen. Wir erlauben es unseren Bürgern nicht, Waffen zu führen – warum sollten wir es ihnen erlauben, selbstständig zu denken?"

"Wisst ihr Genossen", sagt Stalin, "was ich über diese Frage denke? Ich meine, dass es völlig unwichtig ist, wer und wie man in der Partei abstimmen wird; überaus wichtig ist nur das eine, nämlich, wer und wie man die Stimmen zählt (Quelle: Boris Baschanow – Ich war Stalins Sekretär)."

**Adolf Hitler** (1889–1945) Deutscher Diktator [7]

"Staatsbürger kann nur sein, wer Volksgenosse ist, Volksgenosse kann nur sein, wer deutschen Blutes ist. Kein Jude kann daher Volksgenosse sein."

**Donald Trump** US-Präsident 2017/18/19 [8]
"Wenn der Iran kämpfen will, wird das das offizielle Ende des Iran sein. Bedroht nie wieder die USA!"

**Ist es möglich, trotz all dieser oben angeführten krass gegenteiligen Aussagen bekannter Größen der Geschichte ein allseits akzeptiertes Regierungssystem zu finden?**

Bevor wir die Antwort geben, ist es notwendig, zunächst drei weitere Fragen voranzustellen:

- **Was ist los auf jener Kugel, die die Menschen »Welt« nennen, die aber wegen ihrer Winzigkeit mit nur etwa 12.000 Kilometern Durchmesser auch »Erde« genannt wird?**
- **Werden wir 7,6 Milliarden Bewohner niemals zur Ruhe kommen?**
- **Werden Herrschaftsdrang der Mächtigen sowie Egoismus und Eigennutz jedes Einzelnen immer wieder dazu führen, dass sich Menschen, aber auch ganze Völker bekriegen und versklaven, um andere zu beherrschen oder möglicherweise sogar auszulöschen?**

Kriege hat es schon immer gegeben – die Römer, die Griechen, die Germanen, überall floss das Blut in Strömen und die, die besoders viele töteten wie z.B **Kaiser Alexander, Otto I, Kaiser Karl, Friedrich II, Katharina II** wurden dann auch noch mit dem Zusatz **»der/die Große«** geehrt.

Hinzu kommt, dass heute, im Jahre 2019, 32 Milliardäre mehr besitzen als die halbe Weltbevölkerung mit 3,8 Milliarden Menschen (ärmere Bevölkerungshälfte) – aber auf der anderen Seite alle 3,5 Sekunden auf unserer Erde ein Kind stirbt, weil es nichts zu essen und zu trinken hat.

Eigentlich sollte man heute, im Jahre 2019, davon ausgehen können, dass wir Menschen mit unserem unerhörten Wissen im Stande sind, die anstehenden Probleme unserer »Welt« zu lösen.

Doch was passiert?

Der neue US-Präsident Trump schickt sich an, anderen Ländern die »Demokratie« zu bringen, das eigene Land noch größer zu machen und weltweit als »Polizist« zu agieren – mit dem Slogan "America first!"

Mir als Autor ist nicht bekannt, dass das amerikanische Repräsentantenhaus und der Senat Herrn Trump ermächtigt hatten, vor Nordkoreas, Chinas und Japans Küsten mit Flugzeugträgern und anderen Kriegsschiffen »aufzumaschieren« (2017).

Herr Erdogan sperrt in der Türkei alles weg, was nicht seiner Meinung ist.

Präsident Maduro aus Kolumbien (sozialistisches Land) droht 500.000 Söldner mit Gewehren zu bewaffnen, um ggf. auf das eigene Volk zu schießen.[9]

Die um Pfründe und Einfluss besorgten Republikaner der USA retteten die Ernennung des obersten Verfassungsrichters gemäß dem Vorschlag des Präsidenten, da sie dessen Einfluss auf ihre eigenen Nominierungen für den Kongress in der Zukunft wussten. Gelebte Angst um den Verlust zukünftiger Privilegien ließen sie am Ende zustimmen. Freie Überzeugung und individuelle Unabhängigkeit wurden auf dem Altar von Abhängigkeiten (hier vom Präsidenten) geopfert.

Ähliches geschieht auch in der Türkei, doch beide sprechen von Demokratie, vergessen aber, dass Demokratie auch als wichtigstes Instrument

**Gewaltenteilung und die Kontrolle**

**der Regierenden**

**durch Legislative, Judikative und Opposition beinhaltet.**

Zu den genannten Problemen kommen Erdbeben, Tsunamies, Trockenheiten und Überschwemmungen hinzu, die meist besonders arme Völker treffen.

Zudem sind Kapital und Grundeigentum, wie schon gesagt, ungerecht verteilt!

Weiterhin ist als übergroße Gefahr zu befürchten, dass auf uns die Revolution der Roboter hinzukommt – mit der Konsequenz:

**wenn der Mensch seine Arbeit an die Roboter verliert, wird er sich wehren, bevor seine Kinder verhungern**

**er wird kämpfen**
**die Revolution ist da!**

**Auch das Tier kämpft, wenn seine Kinder in Gefahr sind!**

Bei dieser Kurzanalyse kam mir, dem Autor, die Idee, auf dem steinigen Weg in eine gerechte sichere Zukunft für alle Menschen mit dem Kampf gegen alles Böse an zentraler Stelle zu beginnen:

***"Es scheint zunächst die wichtigste Aufgabe zu sein, einen Weg für alle Menschen zu finden, die ungerechte Verteilung von Kapital, Eigentum und Grund & Boden zu beenden."***

Als einziges Regierungssystem, das Abhilfe schaffen könnte, ist der Sozialismus zu nennen. Leider ist es aber so, dass etwa 100 Länder, die sich sozialistisch nennen oder sozialistisch waren, immer wieder Ungerechtigkeit und Armut produziert haben. Besonders erschreckendes Beispiel war die sozialistisch-kommunistisch orientierte DDR, deren Mächtige ein ganzes Volk mit 17 Millionen Bürgern 28 Jahre lang mit Mauer und Stacheldraht einsperrten.

Auch China, Russland, Vietnam und Kuba sind keine Länder, deren sozialistisches System man übernehmen könnte. Das Wort »Sozialismus« hat deshalb einen gar abschreckenden Ruf, so dass es wohl zur Zeit kein Land gibt, dass sein Regierungssystem durch ein sozialistisches ersetzen möchte.

**Und doch gab es merkwürdigerweise gerade in der DDR nach dem 9./10. November 1989 beim Fall der »Berliner Mauer« die einzige echte Chance, ein eigenes neues Regierungssystem einzuführen – den**

## »Demokratischen Sozialismus«.

Nach Neubachers Streitschrift[10] im Sinne eines theoretischen Wunschbildes lässt sich das kleine Volk der DDR 1989/1990 nicht durch Bundeskanzler Dr.Helmut Kohl und die Mächtigen der BRD das Grundgesetz überstülpen.

## Nein, die 17 Millionen gehen ihren eigenen Weg!

Das beginnt bereits in dem Moment, als Millionen DDR-Bürger tief enttäuscht nach nur drei bis vier Monaten Besuch im Westen der BRD in ihre ungeliebte Heimat zurückkehren.

## Danach hält das ganze Volk zusammen und erschafft ein neues gerechtes Regierungssystem.

Zentraler Inhalt dieses Systems ist die neue Wirtschaftsform,

**wonach in allen Betrieben der Republik die Unternehmer (Kapitalgeber) und die Arbeiterschaft als gleichberechtigte Partner gemeinsam bestimmen**

**– am Jahresende wird der Gewinn 50 %:50 % gerecht geteilt**

# – KAPITAL und ARBEIT sind gleich!

Die Begriffe **Arbeitgeber** und **Arbeitnehmer** gibt es nicht mehr

– sie sind nur noch böse Geschichte!!!

Die Grundlage für einen funktionierenden gerechten Sozialismus ist

## »Echte Demokratie«

in einem neuen Staat mit der Bezeichnung

# DDSR,

## DEUTSCHE DEMOKRATISCH-SOZIALISTISCHE REPUBLIK,

**der Nachfolgestaat der ehemaligen DDR (Deutsche Demokratische Republik).**

Auf der Grundlage dieser Voraussetzung erarbeiteten 27 Arbeitsgemeinschaften unter dauernder Beteiligung des Volkes die folgenden wichtigen Verfassungsgrundsätze:

- **»Echte Demokratie« bedeutet <u>tatsächliche</u> Gewaltenteilung von Legislative, Exekutive und Judikative**
- **Richter des Obersten Verfassungsgerichts und der Volkspräsident werden vom Volk direkt gewählt**
- **Opposition von jedem an jedem ist garantiert**
- **Die 90 Regierungsmitglieder im Staatsrat und Ministerrat werden nach Proporz (Verhältnis) gewählt. Wahlberechtigt sind alle 500 Abgeordneten**

**der in der Volkskammer (VK) vertretenen Parteiein, einschließlich der gewählten Vertreter der Parteien, die wegen der 3 %-Klausel nicht in der VK sitzen. Damit sind 100 % der Bürger – also das ganze Volk – die bei der Wahl zur VK ihre Stimme gültig abgegeben haben, verhältnismäßig in den Regierungen Staatsrat (StR) und Ministerrat (MiR) vertreten.**

(Die Parteien, die die 3 %-Hürde nicht geschafft haben, können sich als »Block« einer Partei – mit deren Zustimmung – in der VK für diesen Ausnahmefall bei der Wahl der Regierungsvertreter der Republik anschließen)

Das kleine Volk der ehemaligen DDR erschafft 1990/1991 mit dem »Demokratischen Sozialismus« ein neues Regierungssystem, das jedem Bürger des Staates jetzt und in die Zukunft hinein ein weitgehend

**selbstgestaltetes, würdevolles Leben in Freiheit**

ermöglicht.

Es gilt die größte Ungerechtigkeit der Menschen abzuschaffen

**– reich und arm,**

**sehr reich und sehr arm!**

Stets haben sich große Philosophen die Frage nach dem »Sinn des Lebens« gestellt. Genauso ergeht es zur Zeit dem Autor des vorliegenden Buches.

Im hohen Alter kommen den Menschen die verschiedensten Fragen in den Sinn – man muss also nicht unbedingt ein großer Philosoph sein, um solche Fragen zu stellen.

Natürlich sind die »Großen« wie Platon, Aristoteles, Sokrates, Rousseau, Nietsche u.a. schon irgendwie wegweisend für uns mit all ihren klugen Schriften zum menschlichen Handeln und Wirken – ohne dass es auch ihnen gelungen wäre, den Menschen auf den »rechten« Weg zu bringen.

Wichtige Fragen, die uns schon immer quälen, wurden zwar beantwortet, aber **Umsetzung** und **Realisierung** der geäußerten Antworten stehen weiterhin aus.

**Was Theorie war, sollte Praxis werden und wurde es in den meisten Fällen doch nie.................!**

- **Woher kommen wir?** unsere Vergangenheit
- **Wer sind wir?** unsere Gegenwart
- **Wohin gehen wir?** unsere Zukunft
- **Gibt es ein Leben nach dem Tod?** unsere erweiterte Zukunft

Und die alles entscheidende Frage lautet:

**Werden wir es schaffen, uns Menschen jene kleine Kugel zu erhalten, die wir großspurig »Welt«, aber auch manchmal wegen ihrer Winzigkeit und Zerbrechlichkeit »Erde« nennen?**

Und hier ist es auch an der Zeit, all unsere großen und so weisen Philosophen zu befragen:

"Habt ihr uns aus eurer Zeit, also von uns aus betrachtet in der Vergangenheit, euer Wissen derart gebündelt und verständlich hinterlassen, so dass wir heute eure Erkenntnisse und gewonnenen Überzeugungen tatsächlich nutzen können, um für alle Menschen eine gesicherte Zukunft zu gestalten?

Oder verhält es sich so, dass eure klugen Sprüche im Wesentlichen rein theoretischer Natur sind und deshalb nicht von der Menschheit bei der Bewältigung ihrer immensen Probleme in die Praxis umgesetzt werden können?"

Bienenvölker, Ameisenvölker, Hyänenrudel, Wolfsrudel – also ausgewählte Tiere einer Art –

- sie halten zusammen
- sie unterstützen sich
- sie helfen einander und beschützen sich,

aber der Mensch, das intelligenteste aller Lebewesen auf unserer Erde verhält sich ganz anders:

**Bis heute im Jahre 2019 hat der Mensch noch nicht gelernt, menschlich mit sich selbst und seinem Umfeld umzugehen!**

- Die Eismassen am Südpol und am Nordpol (Antarktis, Arktis) schmelzen.
- Die Weltmeere steigen bedrohlich an.
- Von uns mit beeinflusste Erdbeben, Tsunamis, Dürren, Überschwemmungen, Stürme, Seuchen, Krankheiten u.a. mehren sich in allen Erdteilen.
- Atombomben wurden geworfen, um Land und alles Leben zu zerstören.
- Atombomben, Wasserstoffbomben, Atom-U-Boote, Atomraketen, Zerstörer, Flugzeugträger, chemische/biologische Kampfstoffe lassen uns Menschen vor Angst nicht mehr schlafen.
- Wir sind wohl bereits mitten in einer neuen Völkerwanderung

  – 2015/2016/2017/2018, als Millionen aus Afrika und Osteuropa in den Westen stömten, in der Hoffnung auf Schutz und ein würdevolles Leben – in gewisser Weise vergleichbar der Völkerwanderung von etwa dem 4. bis zum 6. Jahrhundert als viele germanische Völker vor den Kriegsvölkern aus dem Osten (Hunnen) flohen.
- Der Nahe Osten »brennt« – Israel und die Arabischen Völker stehen »Gewehr bei Fuß« (Israel wohl mit Atombomben)

**– ein Pulverfass ohne Hoffnung auf Entspannung!**

# 1.0 Meinungsaustausch zwischen dem Autor und »Immo« seinem »*Autoren-Ich*«

## 1.1 Kurzanalyse: Ist das erarbeitete fiktive Regierungssystem der »Neuen DDSR« auch geeignet für alle übrgen 200 Völker der »Menschenerde«?[11]

Bezugnehmend auf das Buch »Wir sind das Volk – Bruch der Schere zwischen Arm und Reich« tritt der Buchautor Helmar Neubacher in einen Dialog mit seinem »*Autoren-Ich*« »Immo« ein:

**Der Autor**

"Werter »Immo«, in der Beurteilung oben genannten Buches kommst Du am Ende zu der folgenden Aussage:

›Falls der eingeschlagene Weg der DDSR tatsächlich ein Erfolg wird, dann kann davon ausgegangen werden, dass die gelebte Praxis der 17 Millionen tatsächlich auf andere Völker übergeht, denn eigentlich sehnt sich die Mehrheit aller Menschen nach einem

**Leben in Zufriedenheit und Glück, bei Freiheit und Gerechtigkeit für jedermann, bei einem gesicherten Auskommen in Gegenwart und Zukunft für sich, die Familie, die Kinder und die Kinder der Kinder.**

Ein Volk wie das der DDSR, in dem nunmehr alle Menschen ihr eigenes Schicksal durch Mitentscheidung bei weittragenden Beschlüssen im politischen und wirtschaftlichen Leben **selbst bestimmen** und sich damit

**tatsächlich verwirklichen können**,

hat sicher für andere Länder Vorbildcharakter.

Es besteht durchaus die Hoffnung, dass die übrigen 200 Länder den »Demokratischen Sozialismus« der DDSR übernehmen. Übergroße Gier und Egoismus der Menschen, ja ganzer Völker, wandeln sich in Verständnis und Fähigkeit, unterschiedliche Meinungen zu akzeptieren und Streitigkeiten uneigennützig beizulegen

mit der Folge, dass Knechtung anderer, Unterdrückung, ja Versklavung ganzer Völker, der Vergangenheit angehören

– der Mensch hat dann seinen größten Widersacher, den **»MENSCHEN«**, besiegt.‹[12]

Für mich als Buchautor stellt sich die Frage, wie Du, »Immo«, zu der Überzeugung gelangst, dass die Menschen es schaffen können, sich vor ihrem eigenen drohenden Untergang zu retten. Was macht Dich derart sicher vorauszusagen, dass die übrigen 200 Länder der Erde das Regierungssystem der DDSR mit der Folge übernehmen könnten, dass es in Zukunft nur noch **glückliche Menschen** gibt – Menschen, die die verbleibenden Probleme zwischen den Völkern und den einzelnen Individuen untereinander solidarisch mit allergrößter Hochachtung und Verständnis dem anderen gegenüber lösen?"

**»Immo«** ***(Autoren-Ich)***

"Ich habe im obigen Buch sehr eingehend beschrieben, dass eine Regierungsform, wie 1990/1991 in der DDSR installiert, durchaus in der Lage ist, die wesentlichen Probleme eines ganzen Volkes zufriedenstellend für alle 17 Millionen Einwohner zu lösen.

Grundlage dafür ist die Regierungsform des

»DEMOKRATISCHEN SOZIALISMUS«.

2 Säulen bilden das Gerüst:

Säule I: **Echte Demokratie**

Säule II: **Eine neue Art von Sozialismus**,

bei dem
**Kapital** und **Arbeit**
völlig gleichberechtigt die Geschicke jeglichen Wirtschaftens in allen Unternehmungem vom Klein- bis zum Großbetrieb
bestimmen – ich, »Immo«, nenne diese
neue Form von
Sozialismus
nunmehr im hier vorliegenden Buch

***»Zweistrom-Sozialismus«***

– »Zweistrom-Sozialismus«, weil Kapital und Arbeit als gleichberechtigte Energieströme in jedes Wirtschaften einfließen und am Ende zu einem gemeinsam geschaffenen, allseits akzeptierten Endergebnis führen.

Wenn sich tatsächlich jeder einzelne Bürger des 17-Millionen-Volkes bei der Gestaltung und Durchführung aller demokratischen und wirtschaftlichen Prozesse **aktiv gestaltend** wiederfindet, dann kann durchaus der Funke von der DDSR auf die übrigen 200 Länder überspringen – dann ist es sehr wahrscheinlich, dass die 7,6 Milliarden Menschen die bereits 1776 von Thomas Jefferson (späterer Amerikanischer Präsident) formulierten und seiner Meinung nach von Gott gegebenen Grundrechte auf Leben, Freiheit, Gleichheit einfordern

**und ihr langegesuchtes Glück nicht nur anstreben, sondern auch tatsächlich finden**.

An dieser Stelle möchte ich anmerken, dass in diesem Falle alle wesentlichen Veränderungen im Leben der Menschen von Menschen durchgeführt werden, wobei der Mensch bisher auch die Natur und von ihm geschaffene Maschinen verwendet hat – leider nicht immer zum Nutzen der Menschen, wie wir alle wissen.

Wie wird nun **sichergestellt**, dass in Gegenwart und Zukunft das kleine Volk der DDSR in Freiheit ein zufriedenes und sicheres Leben führen kann – ganz so, wie es ihre 17 Millionen Einwohner wünschen und sich im tiefsten Herzen auch erträumen?

An zentraler Stelle steht natürlich die Regierungsform, die sich 1990/1991 die DDSR-Bürger selbst gegeben haben (siehe Seiten 20-22)

***– sie könnte nach meiner Meinung in der heutigen Zeit, 2019, durchaus wegweisend sein, weil sie***

***gegenüber allen anderen***

***bekannten Regierungsformen***

***Vorteile aufweist,***

***auch, wenn es sich in diesem Falle um***

**eine »FIKTIVE VERFASSUNG«**
**handelt, für ein**
**»FIKTIVES LAND« mit Namen »DDSR«."**

**Der Autor**

"Werter »Immo«, ist es tatsächlich so, dass es keine bessere Regierungsform gibt beim derzeitigen Entwicklungsstand des heutigen Menschen, bezogen auf das 21te Jahrhundert?"

**»Immo« (*Autoren-Ich)***

"Die Menschen waren in ihrem bisherigen Dasein schon immer sehr experimentierfreudig – Monarchien, Demokratien, Diktaturen, Republiken – häufig auch gemischt mit präsidialen, kommunistischen, sozialistischen Einflüssen und dem Führerprinzip – nannten und nennen sie auch noch heute ihr eigen – alle behaftet mit mehr oder weniger großen Mängeln. Aus diesem Grunde wird im Laufe der Abhandlung im vorliegenden Buch der Frage nachgegangen, ob es möglich ist, Personen zu finden, denen man attestieren kann, »ideale Herrscher« für ein Volk zu sein oder ob das »Neue Regierungssystem« der DDSR tatsächlich allen anderen bekannten Herrschaftsformen vorzuziehen ist."

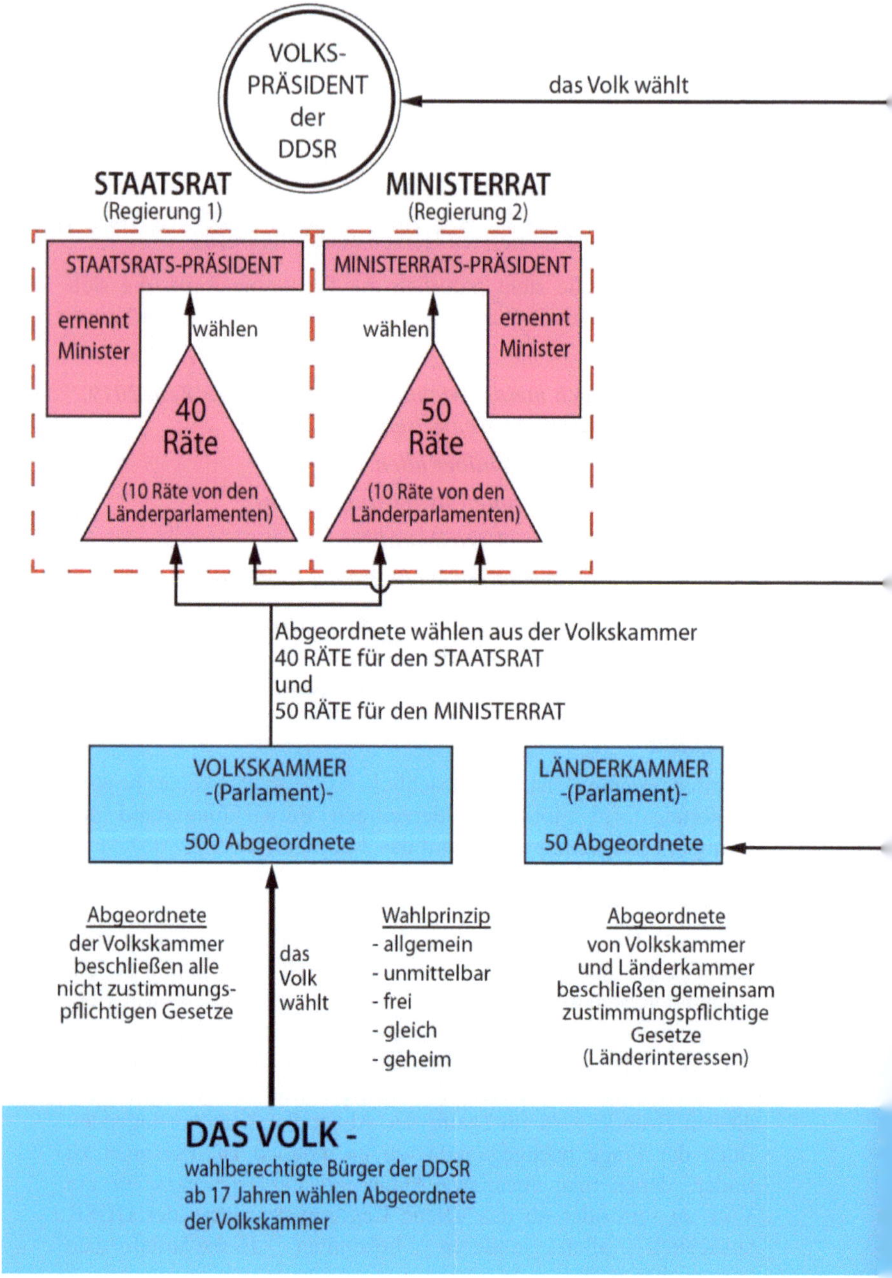
VOLKS-
PRÄSIDENT
der
DDSR
das Volk wählt
STAATSRAT
(Regierung 1)
MINISTERRAT
(Regierung 2)
STAATSRATS-PRÄSIDENT
ernennt
Minister
wählen
40
Räte
(10 Räte von den
Länderparlamenten)
MINISTERRATS-PRÄSIDENT
wählen
ernennt
Minister
50
Räte
(10 Räte von den
Länderparlamenten)
Abgeordnete wählen aus der Volkskammer
40 RÄTE für den STAATSRAT
und
50 RÄTE für den MINISTERRAT
VOLKSKAMMER
-(Parlament)-
500 Abgeordnete
LÄNDERKAMMER
-(Parlament)-
50 Abgeordnete
Abgeordnete
der Volkskammer
beschließen alle
nicht zustimmungs-
pflichtigen Gesetze
das
Volk
wählt
Wahlprinzip
- allgemein
- unmittelbar
- frei
- gleich
- geheim
Abgeordnete
von Volkskammer
und Länderkammer
beschließen gemeinsam
zustimmungspflichtige
Gesetze
(Länderinteressen)
DAS VOLK -
wahlberechtigte Bürger der DDSR
ab 17 Jahren wählen Abgeordnete
der Volkskammer

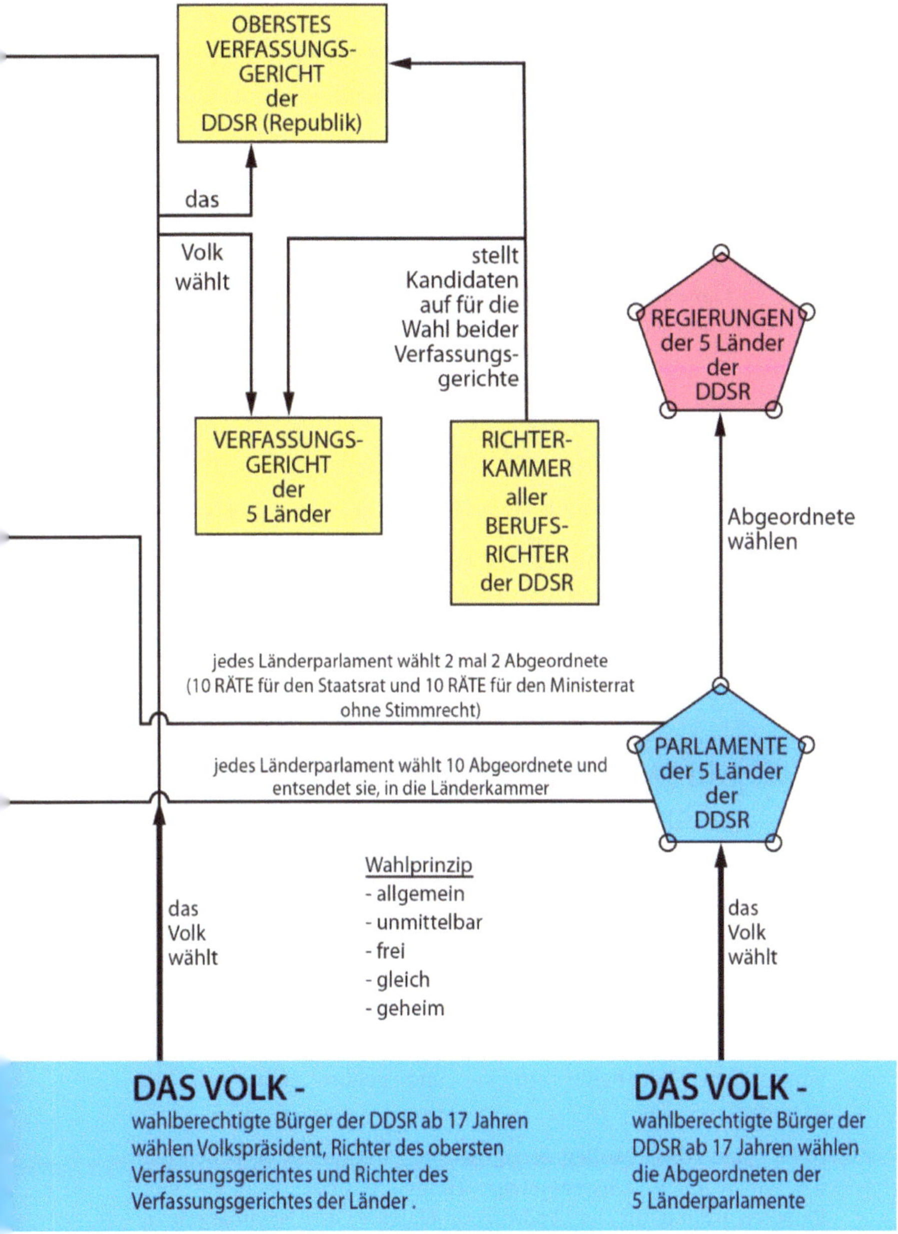

OBERSTES VERFASSUNGS-GERICHT der DDSR (Republik)
das Volk wählt
stellt Kandidaten auf für die Wahl beider Verfassungs-gerichte
VERFASSUNGS-GERICHT der 5 Länder
RICHTER-KAMMER aller BERUFS-RICHTER der DDSR
REGIERUNGEN der 5 Länder der DDSR
Abgeordnete wählen
jedes Länderparlament wählt 2 mal 2 Abgeordnete (10 RÄTE für den Staatsrat und 10 RÄTE für den Ministerrat ohne Stimmrecht)
jedes Länderparlament wählt 10 Abgeordnete und entsendet sie, in die Länderkammer
PARLAMENTE der 5 Länder der DDSR
das Volk wählt
Wahlprinzip
- allgemein
- unmittelbar
- frei
- gleich
- geheim
das Volk wählt
DAS VOLK -
wahlberechtigte Bürger der DDSR ab 17 Jahren wählen Volkspräsident, Richter des obersten Verfassungsgerichtes und Richter des Verfassungsgerichtes der Länder .
DAS VOLK -
wahlberechtigte Bürger der DDSR ab 17 Jahren wählen die Abgeordneten der 5 Länderparlamente

*Abb. 1 Schema (siehe Seite 20/21) – **Regierungssystem der Deutschen Demokratisch-Sozialistischen Republik (DDSR) seit dem Jahre 1991** – nach der Idee des Verfassers.*

*»Echte Demokratie« bedingt »Echte Gewaltenteilung« des Staates, deshalb bereits hier im Schema deutlich getrennt:*

***Farbe Blau** – **Gesetzgebende Gewalt**/Parlament mit Volkskammer, Länderkammer, 5 Länderparlamente*

***Farbe Rot** – **Ausführende Gewalt**/ Regierung 1/STAATSRAT mit Staatsrats-Präsident und Regierung 2/MINISTERRAT mit Ministerrats-Präsident und 5 Länderregierungen*

***Farbe Gelb** – **Rechtsprechende Gewalt**/, Oberstes Verfassungsgericht auf Republikebene, Vefassungsgericht der 5 Länder und Richterkammer mit allen übrigen Richtern der Republik*

*Der **Volkspräsident** steht als völlig unabhängiges Staatsorgan über den 3 Demokratischen Gewalten.*[13]

*Anmerkung: Länder wie z.B. Spanien, Holland, England, Dänemark, Schweden und Norwegen können natürlich ihren/ihre König/Königin weiterhin verehren. Der/die Monarch/Monarchin könnte ein/eine übergeordneter/te Wächter/in von Demokratie und Gerechtigkeit des jeweiligen Volkes sein, um stets alle Volksschichten innerhalb des eigenen Landes friedvoll zu vereinen – gegenbenenfalls als Sprachrohr der außerparlamentarischen Opposition.*

## 1.2 »Immo« – das *»Autoren-Ich«* – aus dem mehrere Millionen Jahre alten, hochintelligenten Volk der »Toraner« – stellt sich vor

**»Immo«** ***(Autoren-Ich)***

"An dieser Stelle erlaube ich es mir, mich kurz beim Leser vorzustellen: Ich heiße »Immo« und gehöre zum Volk der »Toraner«.

Abb. 2 und Abb. 3 sollen zeigen wie wir »Toraner« aussehen und wo wir wohnen. Unsere jetzige Heimat befindet sich auf dem Planeten »Tora« in der Andromeda-Galaxie, der Nachbargalaxie der Milchstraße. Wir nennen unseren Planeten auch »Erde IV«, weil es große Gemeinsamkeiten zwischen »Tora«, unseren Nachbarplaneten »Erde II«, »Erde III« und der Menschenerde, »Erde I«, gibt.

Etwas später werde ich Ihnen, dem verehrten Leser zeigen, wer wir wirklich sind und welch enges Band uns und die Menschen verbindet.

Insbesondere gebe ich Ihnen auch Informationen zu unserem, mit den Menschen nicht vergleichbaren geradezu unerhörtem Wissen. Immerhin ist unser Volk, verglichen mit den gerade mal 200.000 Jahren der Menschheit, bereits viele Millionen Jahre alt."

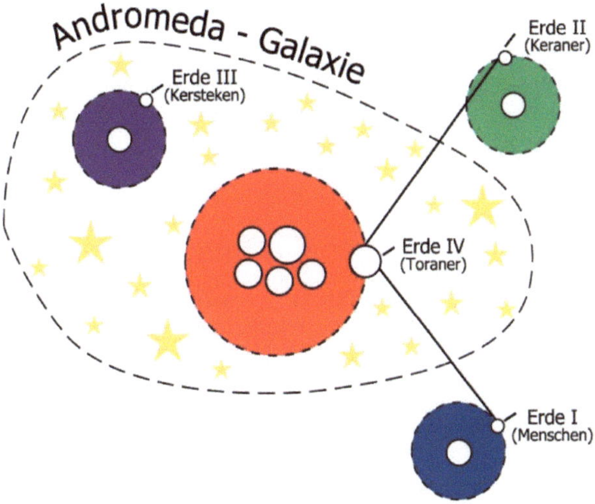


*Abb. 2 Schema – Darstellung der Andromeda-Galaxie und die Lage von vier Planeten, die alle die Bezeichnung »Erde« führen – nach der Idee des Verfassers*

*– die Entfernung von der Menschenerde bis zur Andromeda-Galaxie beträgt etwa 2.500.000 Lichtjahre*

***»Erde IV« ist die jetzige Heimat der »Toraner«***

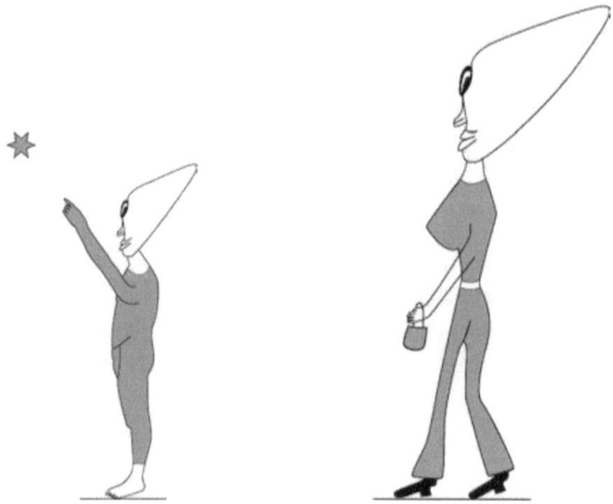

*Abb. 3 Zeichnung, »Immo«, ein Junge auf dem Planeten »Tora« (links) und seine Mutter (rechts) – nach der Idee des Verfassers – die Körpergröße der Erwachsenen beträgt etwa 95 Zentimeter*

## 1.2.1 Gedanken von »Immo«, Bewohner einer »fernen Erde« in der Andromeda-Galaxie, zu den Begriffen »FÜHRER« und DIKTATOR

**»Immo«** ***(Autoren-Ich)***

"Wir »Toraner« haben in unserer Millionen Jahre währenden Evolutionsgeschichte herausgefunden, dass die beste Regierungsform für ein Volk ein **Diktator** ist, von dem man sagen kann, er sei ein

**»idealer Führer«.**

Mit Diktator ist ein **begnadeter Repräsentant** gemeint, der sowohl die geistigen wie ethischen Voraussetzungen erfüllt, um die Geschicke des Volkes zum Besseren zu führen.

Der griechische Philosoph Platon hat hier in Analogie von der Herrschaft der Philosophen bereits 350 v. Chr. gesprochen.

**Es geht nicht um eine Herr-Knecht-Beziehung, sondern um die »Begnadung« einer Person, die aus des Volkes Mitte erkoren wird.**

In Zukunft wird man auch auf der »Menschenerde« mit Hilfe künstlicher Intelligenz (KI) und den dann verfügbaren Algorithmen eine solche Person herausfiltern können.

Für uns auf »Tora« ist es gar kein Problem nach unserer viele Millionen Jahre währenden Technikentwicklung, einem geeigneten Mann oder einer geeigneten Frau einen entsprechenden Chip im Gehirn zu platzieren und dieser Person die Leitung der Volksregierung zu übertragen.

**Der von seinen Mitbürgern bestätigte »Führer« beruft seine Minister und bestimmt danach für eine vorgesehene Zeitspanne die Geschicke unseres Volkes.**

Wir wissen, dass das Volk der DDSR 1990/1991 nicht den Regierungsbildungsweg der »Toraner« gehen konnte. Ich, »Immo«, Geschichts-Student auf »Tora«, werde aber belegen, dass die Säule I des gewählten DDSR-Regierungssystems

**– »Echte Demokratie« –**

als Grundlage für den

**»DEMOKRATISCHEN SOZIALISMUS«**

durchaus im weitesten Sinne **auch** als

**»annähernd ideal«**

bezeichnet werden kann,

ähnlich einem Regierungssystem mit
**»idealem Führer«** auf »Tora«.

Auf dem Wege hin zu obiger Aussage stelle ich die Blätter A, B C, D, E und F zur **Diskussion** mit der Überschrift:

**Der**

**»ideale Führer« als Diktator.**

Zur Wahl der angeführten Begriffe **»idealer Führer«** und **Diktator** sei folgende Kurzerläuterung gegeben:

Bei den Menschen des Jahres 2019 lösen die Begriffe »Führer« und »Diktator« nur Angst aus, weil Massenmörder der jüngsten Geschichte wie Adolf Hitler, Joseph Stalin, Mao Tse Tung, Pol Pot, Idi Amin, Gaddafi u.a. mit diesen Begriffen absolute Macht ausübten und mit ihren ihnen treu ergebenen Mordvasallen Millionen Menschen dahinmeuchelten – praktisch jeden, der nicht ihrer Meinung war.

Ich, »Immo«, bin aber von der Notwendigkeit der Wahl dieser Begriffe geradezu überzeugt – ganz einfach deshalb, weil sie zur Beschreibung für die Verwendung der Durchsetzung des **»BÖSEN«** durch die genannten Völkermörder genauso wie bei der Verwendung dieser Begriffe bei uns auf »Tora« zur Durchsetzung des **»GUTEN«** geeignet sind.

Ich darf dem verehrten Leser bestätigen, dass unser Volk, die »Toraner«, ihren Regierungschef schon seit **vielen Millionen Jahren** mit

**»GERECHTER DIKTATOR«**

beschreiben, verbunden mit dem Zusatz

**»IDEALER FÜHRER«.**

Das Wort **»gerecht«** als Zusatz zum Wort DIKTATOR und das Wort **»ideal«** als Zusatz beim Wort »FÜHRER« machen deutlich, dass der mit den Begriffen

»GERECHTER DIKTATOR« und »IDEALER FÜHRER« beschriebene

»ALLEINHERRSCHER«

in Richtung

**»NUR DAS GUTE FÜR DAS VOLK«**

charakterisiert ist.

Begriffe wie »gerecht« und »ideal« zur näheren Beschreibung, was an dieser Stelle mit den Bezeichnungen Diktator und »Führer« gemeint ist, sollen deren ausschließliches Wirken für das Volk und dessen Wohlergehen beschreiben.

Unsere vorausschauende, weitsichtige Verfassung sorgt dafür, dass ähnlich – wie in der DDSR – die voneinander absolut getrennten Gewalten geradezu ermutigt werden, unseren »REGIERUNGSCHEF« trotz seiner ihm von der Verfassung zugestandenen »**ABSOLUTEN GEWALT**« stets **oppositionell** zu kritisieren.

Ihnen, verehrter Leser, darf ich versichern, dass die von uns »Toranern« viele Millionen Jahre lang verwendeten Begriffe DIKTATOR und »FÜHRER« allein positive Bedeutung besitzen – niemand in unserem Volk kommt auf die Idee, die genannten Begriffe mit den Massenmördern des 20ten Jahrhunderts auf der »Menschenerde« in Verbindung zu bringen, in dem DESPOTEN die Begriffe »**FÜHRER**« und **DIKTATOR** in ihrem Sinne umdeuteten und sich als Meuchelmörder verwirklichten."

### 1.2.2 Beurteilung eines Diktators nach den Kriterien eines »idealen Führers« mit Hilfe vorhandener Regierungs-merkmale

**Der Autor**

"Werter »Immo«, ich greife den Ausführungen in den Blättern A-F vor und stelle die Frage, weshalb Du Dich für die Darstellung Deiner Gedankenkombinationen aus vielen Milliarden Menschen für nur 9 bestimmte Personen entschieden hast?"

**»Immo« (*Autoren-Ich*)**

"Die 7 aufgeführten weltlichen Personen haben zu ihren Lebzeiten herausragende Leistungen erbracht – sowohl für ihr eigenes Volk, wie auch für andere Vöker. Insbesondere die 5 ausgewählten Könige/Kaiser mit den ehrenvollen Beinamen »Der/die Große« sind noch heute aufgrund ihres Wirkens Millionen Menschen bekannt.

Herrscher wie **König Alexander, Kaiser Karl, Otto I,** der **Preußenkönig Friedrich II** und die **Russische Zarin Katharina II** sind dafür bekannt, dass mit ihrer Herrschaft große Veränderungen einhergingen – sogar Weltreiche geschaffen wurden.

Im weitesten Sinne gilt dies auch für den ehemaligen **Bundeskanzler der Bundesrepublik Deutschland (BRD) Helmut Schmidt** und den **Kanzler des ehemals Großdeutschen Reiches Adolf Hitler**, dass sie in ihrer jeweiligen Zeit

Bestehendes veränderten bzw. im letzteren Fall das Bestehende zerschlugen.

Neben diesen genannten Personen scheint Helmut Schmidt etwas willkürlich als großer Politiker ausgewählt zu sein. Er wird jedoch trotzdem an dieser Stelle genannt, da der Widerhall seines Wirkens im Deutschen Volk und auch darüber hinaus bis heute übermächtig ist.

Er führte sehr weise die BRD in einer Zeit als Terroristen Volk und Staat bedrohten (1977, »Deutscher Herbst«) – und Schmidt war auch einer der Mitgestalter des Vereinten Europas.

Der bekannteste aller 7 weltlichen Herrscher dürfte aber Adolf Hitler sein, der auch ein Weltreich schaffen wollte, was ihm aber zum Glück nicht gelang.

Neben den 7 ausgewählten weltlichen Herrschern, die gewissermaßen während ihrer Regierungszeit Weltgeschichte schrieben, sind auch die Religionsstifter **Jesus Christus** und **Buddha (Siddhartha Gautama)** zu nennen. Beide haben keine weltliche Regierungsmacht ausgeübt, sondern finden sich heute bei Milliarden Menschen wieder, die Jesus und Buddha im Glauben verehren.

In den Blättern A-E werden die herausragenden Fähigkeiten der **»9 besonderen Menschen«** analysiert unter dem Anspruch:

Welche besonderen Fähigkeiten müsste ein **»idealer Führer«** haben, um ein ganzes Volk als **DIKTATOR** alleinverantwortlich gerecht gegenüber Allen regieren zu können?

Bei der Suche nach dem »idealen Führer« sind auch Kombinationen innerhalb der **»NEUN«** möglich, ja geradezu erwünscht.

So werde ich, »Immo«,

- **Blatt A** aus den Personen Jesus und Buddha
- **Blatt B** aus den 5 Herrschern mit dem Zunamen »der/die Große«
- **Blatt D** aus Adolf Hitler, Jesus und Buddha
- **Blatt E** aus Helmut Schmidt, Jesus und Buddha

## 4 neue Herrscher konzipieren

und die Frage beantworten, ob die neu gefundenen Herrscher den Zunamen »idealer Führer« verdienen.

Im Ergebnis werden

## 4 neue Menschen geschaffen

durch

## Kombination und Vereinigung

von

## Fähigkeiten und Charaktereigenschaften

der **ausgewählten Personen**.

Im Gegensatz zu den oben durchgeführten Kombinationen erfolgt in

- **Blatt C** die Einzelbetrachtung von Adolf Hitler.

Die Analyse wird im weiteren zugespitzt werden, indem eine solche »ideale« Führerpersönlichkeit im Kontrast zu den Erfordernissen, Vorzügen bzw. auch Nachteilen einer demokratisch verfassten Gesellschaft bzw. ihren Vertretern beurteilt wird

– vergleiche dazu

- **Blatt F** **Staatsrats-Präsident (StRPräs)**
  und
  **Ministerrats-Präsident (MiRPräs),**
  die Regierungschefs entsprechend dem Regierungssystem der DDSR von 1990/1991.

Es war Aufgabe, aus der Analyse und Bewertung der Handlungen jener Personen ein Substrat sich ergänzender, im weitesten Sinne positiver Eigenschaften zu gewinnen, um dann die sich daraus ergebende Frage zu beantworten, ob ein solcher Herrscher, der jene Eigenschaften trägt und verwirklicht auch den Zunamen **»idealer Herrscher«** verdient.

Ergänzende Erläuterung:

Nach gültigem Kenntnisstand ist es bis heute auf der Menschenerde noch keinem Volk gelungen, einen **»idealen Führer«** hervorzubringen.

Deshalb wird an dieser Stelle der Frage nachgegangen, ob durch Kombination der Fähigkeiten und Charaktereigenschaften der ausgewählten **»7 weltlichen Herrscher«** untereinander oder verbunden mit den Fähigkeiten und Charaktereigenschaften der **»2 Religionsstifter«** ein **»idealer Führer«** entstehen könnte, der dann die Fähigkeiten hätte, ein Volk als Alleinherrscher **gerecht** zu regieren.

In naher Zukunft dürfte es möglich sein, die besonderen Fähigkeiten ausgewählter Personen in den Computer einzugeben und entsprechend den vorgegebenen Führerkombinationen nach einer Person zu suchen, die dann fähig und geeignet ist, ihr Volk als **»gerechter Diktator«** zu regieren. Diese Möglichkeit zukünftig Computer zu nutzen wird bereits 2018 deutlich nach einer Aussage des Zukunftsforschers Gerd Leonhard, in der er Ray Kurzweil (Gründer der Singularity University) wie folgt zitiert:

»Kurzweil glaubt, dass Computer die Leistungsfähigkeit des menschlichen Gehirns spätestens 2025 übersteigen werden und dass ein einzelner Computer bis 2050 so viel Rechenleistung besitzen wird wie alle menschlichen Gehirne auf der Welt zusammen.«[14]

Danach ergibt sich durchaus als weitergehende Folgerung, dass man wohl bereits 2027 in der Lage sein wird, alle im Gehirn eines einzelnen Menschen vorhandenen Informationen in einem Computer zu speichern und zu verarbeiten

und ab 2050 sogar

**alle verstandesmäßigen Informationen der auf der Erde wohnenden Menschen computermäßig zu erfassen und zu speichern.**

Dann dürften wohl etwa 10 Milliarden Menschen auf unserem Planeten leben (grobe Schätzung).[15]

Für den Computer dürfte es danach sehr einfach sein, bei der Kombination mehrerer Personen den »idealen Führer« zu finden entsprechend den von uns eingegebenen Voraussetzungen, z.B. gewünschte **hohe Moral, Gerechtigkeit, Güte, Fachwissen** u.s.w.

**Der Anspruch müsste sein, durch die digitale Revolution und ihre Algorithmen jene Person zu identifizieren, die dem Idealbild des »vollkommenen Herrschers« entspricht.**

Bereits 1940 schrieb Thomas Mann eine seiner bekannten Geschichten mit dem Titel

**»Die vertauschten Köpfe«.**[16]

Die in diesem Buch (»IDEALER FÜHRER« oder »ZWEISTROM-SOZIALISMUS«...) bisher beschriebene Suche nach einer Person mit idealen Führungseigenschaften zum Zwecke des Regierens eines ganzen Volkes erfolgt auf

**rein theoretischer Basis**

durch

**Mischen** und **Herausfiltern**

der besonderen

**Fähigkeiten** und **Charaktereigenschaften**

ausgewählter sehr bekannter Persönlichkeiten.

Im weitesten Sinne können auch hier die 9 Köpfe ausgewechselt werden – **aber ohne jedes Blutvergießen!**

Bei Thomas Mann ist das anders: Dort werden die Köpfe von 2 jungen Männern in Indien abgeschnitten und auf den Körper des jeweils anderen wieder aufgesetzt.

Wenn auch bei der Wiederbelebung der Körper eine Göttin mithalf, so sind aber 2 gänzlich neue Personen entstanden
– 2 Körper mit jeweils einem neuen Kopf.

**Körper 1: Kluger Kopf auf schönem starken Rumpf**

**Körper 2: Dummer Kopf auf unattraktivem Rumpf**

Von diesem Ergebnis ist auch jenes indische Mädchen mit Namen »Sita« in Manns Geschichte begeistert, denn ihre Wahl fällt nunmehr ohne Zögern auf den neu geschaffenen ansehnlichen Jüngling mit strahlendem Äußeren – **ausgestattet mit einem Kopf, freundlich lächelnd, voll Wissen, Witz und Charme auf dem Körper eines »Adonis«.**

Nicht ganz von ungefähr nannte **DER SPIEGEL**[17] seinen Bericht über Thomas Manns Geschichte 1954

**»Gehirntransplantation«.**

Der Rezensent gebrauchte bezüglich dieser Thematik sogar den Begriff »**Veredelung**« durch Eingriff in die menschliche Erbmasse und bezieht sich dabei auf den französischen Biologen Jean Rostand und den amerikanischen Genetiker Hermann Miller.

Das »**Veredeln von menschlichen Wesen**« war im allerweitesten Sinne sowohl für die Geschichte von Thomas Mann wie auch bei der Suche nach einem »idealen Führer« des Autors im vorliegenden Buch zielführend.

## Beurteilung eines Diktators nach dem Prinzip des »**idealen Führers**« mit Hilfe vorhandener Regierungsmerkmale laut Tabelle

| **Positiv** | **Negativ** |
| --- | --- |
| Prinzipientreue | Prinzipienlosigkeit |
| Durchsetzungsfähigkeit | Ohne Durchsetzungskraft |
| Rationalität (Verstand) | Emotionalität (Gefühl) |
| Visionär | Verwalter von Vorhandenem |
| Empathie (Einfühlungsvermögen) | Egozentrismus, Narzissmus |
| Moral | Unmoral |
| Flexibilität | Rigidität (Starrsinn) |
| Verantwortungsgefühl | Verantwortungslosigkeit |
| Kompetenz | Kompetenzlosigkeit |
| Ehrlichkeit | Verlogenheit |
| Selbstreflexion (Selbstkritik, Selbsterkenntnis) | Egozentrismus (unkritisch gegenüber der eigenen Person, ohne Selbsterkenntnis) |
| Gemeinwohl im Blick | Partielles Wohl im Blick |
| Kompromissfähigkeit | Kompromisslosigkeit |
| Glaubwürdigkeit | Unglaubwürdigkeit |
| Sachverstand | Sachunkenntnis |
| Bürgernähe | Bürgerferne |
| Aktivität | Passivität |
| Toleranz | Intoleranz |
| Mit Augenmaß | Ohne Augenmaß |

Durch den Bezug auf o.g. Merkmale wird anhand ausgewählter Persönlichkeiten der Geschichte geprüft, ob **jene Staatsführer bzw. Religionsstifter** Eigenschaften eines **politischen Profils** verkörpern, die als kennzeichnend für eine

**»Ideal-politische Führerschaft«**

gelten könnten. Die Auswahl der genannten Personen ist nicht willkürlich, sondern folgt im Großen und Ganzen den durch die Geschichtswissenschaft bzw. durch die jeweiligen Zeitgenossen apostrophierten Beifügungen »der/ die Große«.

Hitler muss in dieser Analyse als Sonderfall betrachtet werden.

Bei der Analyse der Wirkmächtigkeit der **Religionsstifter Buddha** und **Jesus** unter Bezug auf o.g. Einteilung negativer wie positiver Merkmale eines politischen Führers wird man folgende Aussagen treffen müssen:

Jesus und Buddha demonstrieren durch ihr Leben wie ihr Handeln zutiefst die Bereitschaft, menschenfreundlich im Sinne des Zugewandtseins gegenüber den Menschen Freiheit, Leben und Gerechtigkeit zu garantieren. War es nicht ein klares Merkmal ihres Handelns, dass sie sich stets dem Glück ihrer Mitmenschen verantwortlich fühlten?"

## 1.2.3 Kurzzusammenfassung des Wirkens 9 ausgewählter Personen unter dem Anspruch »idealer Regentschaft«

### 1.2.3.1 Alexander der Große

*Alexander III of Macedon*
*mazedonischer König (356–323 v.Chr.)*

Eine der strahlendsten Gestalten der Geschichte ist Alexander der Große. Nicht etwa, dass er zugunsten seines Volkes als Wohltäter aufgetreten wäre, sondern in der Rückschau durch die Menschen als genialer Eroberer verehrt wird. Über ihn wurden Romane, Filme bis auf den heutigen Tag produziert. Der Widerhall in den Medien stellt stets seine Erfolge bei den Eroberungen heraus. Selten wird nur thematisiert, welche Leiden er über die Völker brachte. Er hat diesen alles abverlangt, um seine schon als imperial zu bezeichnenden Feldzüge zu bestreiten. Zweifellos agierte er kompromisslos unter Missachtung jeglichen Mitgefühls für die unterjochten Menschen. Von Verantwortungsgefühl im Sinne einer durch Empathie und Mitmenschlichkeit geprägten Haltung gegenüber seinem Volk kann nicht mal im Ansatz die Rede sein. Die durch Zwang und Knute zum Armeebeitritt gezogenen Kleinbauern erreichte er im Sinne kommunizierter Notwendigkeit nie. Warum sollte er auch seine Weltmachtziele den Menschen nahe bringen? Es war für ihn völlig ausreichend, dass er seinem unmittelbaren Umfeld, den Nutznießern der Macht, seine Ziele erläuterte, die ihnen ebenfalls Macht und weiteren Reichtum versprachen.

### 1.2.3.2 Karl der Große

*Frankenkönig (742–814), ab 800 Kaiser*
*Krönung zu Aachen*

Mythen und Sagen bestimmen selbst heute noch die Gestalt dieses Herrschers, der bereits zu Lebzeiten als »der Große« verehrt wurde. Im Sinne der gewählten Nomenklatur (s.o.) – eines durch günstige Merkmale gekennzeichneten »Führers« – ist Karl der Große sicher als eine der überragenden Gestalten der Geschichte zu werten. Seine Vision eines kulturell geeinigten Großreichs setzte er mit Leidenschaft kompromisslos durch. Seine Tatkraft während seiner so langen Herrschaft nötigt auch heute Bewunderung ab. Er ordnete das Reich neu, zeigte sich aber auch kompromissfähig, indem er z.B. das sächsische Volksrecht nach vielen Kriegen anerkannte. Was wir von ihm wissen, verweist auf eine hohe Authentizität seiner Person, die unverblümt Prinzipientreue im Sinne der Befriedung aufmüpfiger Völker demonstrierte. Tatkraft und hohe Sachkenntnis müssen ihn ausgezeichnet haben. Seine Weitsicht dokumentiert sich in seinem Bemühen, den sich abzeichnenden kulturellen Niedergang aufzuhalten. Es ging ihm um ein einheitliches Recht sowie um die Begründung einer grammatikalisch einheitlichen Sprache. Dazu versammelte er an seinem Hof, so wie auch später Friedrich der Große, Geistesgrößen seiner Zeit.

Auf der Sollseite ließ er jedoch auch manche, eher als humanistisch zu begreifende Eigenschaft vermissen. Alles Positive birgt in sich, wie sollte es auch anders sein, das Negative. Endlose Kriege, zu denen auch die sattsam bekannten grausamen

Befriedungsfeldzüge gegen die Sachsen gehörten, prägten seine Regierungszeit. Nur Starrsinn und fehlende Einfühlsamkeit in die Gemütslage der unterjochten und angegliederten Völker können hier handlungsstiftend gewesen sein. Fern von den Ansprüchen seiner Untertanen folgte er rücksichtslos seiner politischen Agenda. Die Toleranz eines Buddha war ihm so fern wie jenes so ferne Indien. Heute würde man ihn als Alphamenschen bezeichnen, der rücksichtlos seine Visionen gegenüber den ihm anvertrauten Menschen durchsetzte.

### 1.2.3.3 Otto der Große

*Otto I, Deutscher Kaiser (912–973)*
*(Römisch-Deutscher Kaiser ab 962)*

In der mittelalterlichen Geschichte nimmt Otto der Große (Otto I) eine herausragende Stellung ein. Gegenüber den weiteren sogenannten ottonischen Herrschern zeichneten ihn zumindest in der Geschichtsschreibung seine Erfolge bei Eroberung und Mission aus. Ähnlich wie Karl der Große, dem er sich schon als Heranwachsender verpflichtet fühlte, war seine Regierungszeit durch Durchsetzungsfähigkeit, Leidenschaft für die Sache, Tatkraft und Prinzipientreue gekennzeichnet.

Man stelle sich vor, er wäre bei seinen Eroberungs-, Verteidigungs- und Missionskriegen nicht erfolgreich gewesen, so würde das Lied über seine Regierungszeit heute ganz anders klingen. Stets sind es die erfolgreichen Feldherren und Eroberer, denen wir mit solchen Beinamen wie »der Große« huldigen. Vergessen oder gar unterschlagen wird seine fehlende Toleranz gegenüber der jeweils ausgeübten Religion der zu Unterwerfenden.

Er sah sich als Heilsbringer, als Missionar mit dem Schwert, der nur das partielle Wohl der Christen im Blick hatte. Toleranzlos und mit stetem visionären Blick unterwarf er die Unbotmäßigen, zu denen auch Mitglieder seiner eigenen Familie gehörten. Das Gemeinwohl hatte er nie im Blick, es ging ihm allein um die Erhaltung und Erweiterung der Macht, die Befriedung und Sicherung des Reiches. In die Geschichte geht er als Retter von Europa ein. Er besiegte die einfallenden Ostvölker (Hunnen) auf dem Lechfeld (955).

## 1.2.3.4 Friedrich der Große

*Friedrich II*
*König von Preußen (1712–1786)*

Haben die großen Herrscher das erfüllt bzw. gerechtfertigt, was ihnen im Titel »der/die Große« manchmal sogar schon zu Lebzeiten nachgesagt wurde?

Von vielen jener Herrscher, es sollen über 50 gewesen sein, fiel jener Beiname ab wie modrig' Laub. Was in sie hineingesehen wurde, erwies sich meistens als mythenumranktes Zerrbild der Realität, dem durch die Geschichtsforschung der Schleier des Erhabenen, Erfolgreichen entzogen wurde.

Ganz anders war und ist es bei Friedrich dem Großen von Preußen. Er machte durch Tatkraft und Entschlossenheit sein kleines Land zu einer Großmacht Europas. Verehrt und bewundert werden seine kriegerischen Erfolge, die ihn als genialen Feldherrn erscheinen lassen, den auch die Nazis für sich vereinnahmten. Sogar die späte DDR erkannte in ihm, nachdem er zuerst verleugnet wurde, den großen Staatsmann. Seinen aufklärerischen Visionen, niedergelegt bereits in jungen Jahren in einer für damalige Verhältnisse erstaunlichen Schrift, wurde er jedoch später kaum gerecht. Sicher allerdings begriff er sich als ersten Diener des Staates, außenpolitisch aber war er ein Hazardeur, ein Spieler, den die ihm Anvertrauten zur Erreichung seiner Ziele wenig galten.

Zur Durchsetzung seiner Machtpolitik wählte er das höchste denkbare Risiko im siebenjährigen Krieg – den Mehrfrontenkrieg – gegen die Großmächte Österreich, Frankreich und Russland. Nur der Zufall, nämlich Verharren und dann Abrücken der Truppen Österreichs und Russlands angesichts des greifbaren Sieges sowie der Tod der russischen Zarin und damit das Ausscheiden Russlands aus der Allianz, retteten ihn vor der totalen Niederlage. Ein nie geschriebener Nachruf hätte ihn sicher der Narretei und des Größenwahns geziehen, wenn jener Zufall nicht eingetreten wäre. So aber wirkt sein Bild in der Geschichte als Stratege, Landesvater und genialer Führer fort.

Auch privat verwirklichte er ein zweideutiges Bild. Kunst-, musik- und literaturbeflissen missbrauchte er das Staatsbudget für Prachtbauten, war sich nicht zu schade, durch Wortbruch die österreichische Kaiserin zu düpieren und seine eigene Frau im goldenen Käfig der Schlösser darben zu lassen.

### 1.2.3.5 Katharina die Große

*Katharina II*
*Russische Zarin (1729–1796)*

Die Geschichte der Großen ist immer auch eine Geschichte der Abfolge großer Kriege, geschlagener Schlachten, ruhmreicher Bereicherung. Die Stimme der geschlagenen Völker, der gepressten Bauernsoldaten verhallt beinahe klanglos im Konzert von Kanonen, Todesschreien und Kampfgetümmel. Für den Beinamen »der/die Große« gaben die Kleinen Leib und Leben, verdorrten die Felder, versanken Häuser und Städte unter den Schlägen kriegslüsterner Mordmaschinerie.

Katharina die Große, die als einzige Herrscherin durch die Geschichtsschreibung den Titel »Die Große« verliehen bekam, verkörpert im Rückblick viele Merkmale politischer Staatskunst. Sie, die durch die Ideale der Aufklärung beeinflusst war, sorgte innenpolitisch für die Konsolidierung des riesigen Reiches. Verwaltungs- und Gesetzesreformen atmen zwar den Geist der Aufklärung, stärkten aber insbesondere Adel und Militär. Sie hatte nicht das Gemeinwohl im Blick, sondern mit ihrem rational bestimmten Regierungsstil stärkte sie jene, die Pfeiler ihrer Macht waren und wurden. Die oft genannten Schulreformen entsprechen ihrem visionären Blick für die Zukunft des Vielvölkerstaates. Den Status quo der ihr zu Lebzeiten anvertrauten Untertanen veränderte sie dagegen nicht. Reformen für die Bauern waren halbherzig und standen stets unter dem Vorbehalt des Machterhalts der sie stützenden Kreise.

Außenpolitisch reihen sich ihre Erfolge imponierenden Ausmaßes. Die Erweiterung des bereits so riesigen Reiches durch Landnahme im Südosten (Krim, Ukraine) sind Zeugen einer durchsetzungsfähig, kühl kalkulierenden Monarchin.

**Das Glück der unterworfenen Völker war nie ihre Vision, sondern allein die Vision eines Großrusslands.**

Sogenannte positive Merkmale von Regierungskunst erweist sich gerade in ihrer Innenpolitik als janusköpfig. Benennt man auf diesem Politikfeld Durchsetzungsfähigkeit, Rationalität und Kompetenz als positiv, da sie durch ihre Handlung das Reich im Innern konsolidierte, so stand genau hinter diesen Erfolgen lediglich das partielle Wohl der Oberschicht im damaligen Russland. Umgekehrt aber hätte nach damaligem Sachstand der unverengte Blick auf das Gemeinwohl, im weitesten Sinne also die Bauernbefreiung, genannte Konsolidierung mit allen möglichen Folgen gefährdet und die auch während ihrer Regierungszeit erfolgenden Bauernaufstände noch befördert. Man sieht daran, wie problematisch die oben dargestellte Dualität von positiven zu negativen Merkmalen ist:

**Was negativ erscheint, ist letztlich auch positiv und umgekehrt.**

### 1.2.3.6 Adolf Hitler

*Kanzler des des Deutschen Reiches 1933–1945*
*Adolf Hitler (1889–1945)*

Adolf Hitler, Rattenfänger und Massenmörder, an politisch als positiv zu beschreibenden Merkmalen zu messen, erscheint als vermessen. Hier allerdings wird der Doppelsinn, ja die Doppeldeutigkeit der genannten Merkmale erkennbar. Berücksichtigt man die einzelnen positiven wie negativen Eigenschaften eines politischen Führers,

**so bleibt auf der Seite günstiger Merkmale nur wenig, umgekehrt auf der ungünstigen sehr viel**.

Zweifellos muss man Hitler, dem Verderber ganzer Nationen, Durchsetzungsfähigkeit attestieren. Als Kommunikator erreichte er mit Hilfe seiner Paladine (Goebbels, Göhring, Himmler, Speer u.a.) die Massen, gaukelte ihnen die Vision eines gestärkten, einigen Volkes vor, dass sein Volk am Tisch der Völker einen herausragenden Platz einnehme.

Emotionale Kälte des Psychopathen gepaart mit Verantwortungslosigkeit und Fehlen jeglicher moralischer Maßstäbe zeichneten ihn aus. Empathie mit den geschundenen, unterworfenen Völkern kannte er nicht. Ihn zeichnete nur der Starrsinn einer von Emotionalität zerfressenen, kompromisslosen Persönlichkeit aus.

Hier wird auch besonders deutlich, wie die Kehrseite sogenannter positiver Merkmale (Durchsetzungsfähigkeit) aussieht.

**Damit wird zwar nicht die Doppeldeutigkeit genannter Merkmale unzeitgemäß, sie mahnt uns nur, wie schnell und gründlich Ambivalenz eintritt.**

## 1.2.3.7 Helmut Schmidt

*Bundeskanzler der Bundesrepublik Deutschland*
*Regierungschef (1974–1982)*
*Helmut Schmidt (1918–2015)*

Hatte Helmut Schmidt eine Vision? Er selbst wäre bei einer solchen Frage recht schnell unwirsch geworden. Unvergessen bleibt eine seiner Antworten auf eine solche Frage, indem er Menschen mit Visionen an die Psychiatrie verwies. Im besten Sinne waren seine als preußisch zu beschreibenden Tugenden hervorzuheben, zeigte er doch bei der Hamburger Flutkatastrophe wie ein sogenannter Macher hemdsärmlig sich über Zuständigkeiten hinwegsetzte, wie er die Fraktion der Zauderer und Bedenkenträger beschämte, um den vom Wasser gebeutelten Mitbürgern Hilfe zu bringen. Da gab es keine explizite Vision, sondern einen von Rationalität, Durchsetzungsfähigkeit und Leidenschaft für die Not der Mitbürger getriebenen Politiker. Nicht umsonst gab es zahllose Ehrungen auch nach seinem Tod. Hervorzuheben ist die Benennung des Hamburger Flughafens nach ihm. Die Kehrseite seines Handelns war innenpolitisch das Kontra gegenüber seiner eigenen Partei, was insbesondere die Deregulierung des deutschen Arbeitsmarktes anging. Hier zeigte er wenig Mitgefühl mit dem Anliegen der durch Arbeitslosigkeit gebeutelten Arbeitnehmerschaft. Sein Sachverstand kollidierte häufig mit dem Gebot der Bürgernähe. Kennzeichnend für sein politisches Handeln war der Effizienzgedanke gepaart mit hoher Authenzität seiner politischen Agenda:

**Diese seine Glaubwürdigkeit, seine Leidenschaft für die Sache, lassen ihn im Rückblick als starrsinnig erscheinen. Er war kein Wendehals, der prinzipienlos Macht sicherte und ausbaute.**

Nato-Doppelbeschluss, Widerstand gegen die multikulturelle Gesellschaft, Warnung vor der Bevölkerungsexplosion, behutsames Herangehen an eine neue Energiepolitik waren Bausteine seines politischen Wirkens. Seine **Kompromisslosigkeit** ließ ihn letztlich in seiner eigenen Partei scheitern.

**Wird jedoch heute in der Bundesrepublik nach einer prägenden und herausragenden Persönlichkeit nach den beiden Weltkriegen gefragt, so wird unterschiedslos über alle**

**Altersgrenzen hinweg sein Name an erster Stelle genannt. In ihm verdichten sich die Sehnsüchte der Menschen nach einem kompetenten, authentischen, glaubwürdigen und mit Tatkraft gesegneten Politiker.**

### 1.2.3.8 Jesus Christus

*Jesus, geboren in Nazareth/Judäa*
*Begründer der Weltreligion Christentum*
*(um das Jahr Null – Beginn unserer Zeitrechnung)*

Jesus, den »**Gutmenschen**« schlechthin, als Politiker zu sehen, dürfte schwerfallen. Dabei verkörpert er viele Merkmale, die als positiv zu kennzeichnen sind.

Gab es denn auch negative Eigenschaften?

Benutzt man die Nomenklatur der Moral, so dürfte man bei letzterer Frage scheitern. Er handelte unverstellt , mit stetem Blick auf das Wohl der Menschen. Sein Mitgefühl mit Aussätzigen, mit dem sogenannten Bodensatz der damaligen Gesellschaft, mit den Armen und Geschundenen ist sprichwörtlich.

Aber machen solche Eigenschaften auch einen guten Politiker aus, der doch auch unangenehme Wege gegen das Wahlvolk gehen muss?

Ironisch an dieser Stelle sei gesagt, dass ein Versprechen "Bier für alle" zwar mehrheitsfähig wäre, jedoch keine gute Politik darstellt. Hier ist Durchsetzungfähigkeit, manchmal in aller Brutalität, gefragt. Ein gemachtes Bett oder die Hängematte für alle darf und kann es nicht geben, da sonst die Handlungsfähigkeit des Staates stirbt, seine Humanressourcen verkümmern, der Staat in den Untergang treibt. Politiker müssen Position beziehen, sollen sie sich nicht als Wendehälse bloßstellen, häufig gegen Partialinteressen kompromisslos agieren, die dem Ganzen nur schaden. Der »Gutmensch« Jesus hat die Zerreisskräfte der damaligen politischen Konstellation nicht im Blick gehabt, das Machtinteresse der Römer und den Machterhalt der Pharisäer. Seine Vision als irdischer Mensch wurde von der Kompromisslosigkeit der Gegner zerrieben. Würde man ihn aber tiefgläubig als **Gottes Sohn** begreifen, wären gerade die letzteren Anmerkungen gegenstandslos.

### 1.2.3.9 Buddha

*Buddha (Siddhartha Gautama)*
*Fürstensohn, verheiratet, Vater eines Sohnes, stammend aus Nepal, Begründer der Weltreligion Bhuddismus (um 500 v. Chr.)*

Schreibt man über Buddha, denkt man sofort an Jesus. Diese östliche Lehre, manche sprechen von Religion, andere lieber von Philosophie, hat gerade in den letzten Jahrzehnten Eingang in das Umfeld von Menschen des Westens gefunden, die von den etablierten christlichen Kirchen sich keinerlei Heilsweg aus der Sinnkrise der Zivilisationen mehr versprechen.

Institutionalisierte Religion in Kirche, Heilsgeboten und insbesondere Verboten, Regularien der rechten Ausübung, zusammengefasste Normen in Schriften und deren Auslegung durch das Kirchenpersonal sind verdächtig geworden.

Christus stiftete durch seine Erlösertat als Gottessohn den Erlöserfunken im Menschen, der den Weg damit zu Gott finden könne:

**"Keiner kommt zum Vater, denn durch mich."**

Buddha predigt jedoch die Selbsterlösung von einem Leben im Leiden:

**"Höre das Begehren auf, so ende auch das Leid."**

Er empfiehlt den achtfältigen Pfad und die Selbstreinigung durch Meditation, Versenkung und weitere vielfältige Wege der Übung.

Seine Lehre ähnelt der des Christus in vielem

- Die Inhalte der zehn Gebote sind auch bei Buddha präsent. Buddha empfiehlt Passivität, d.h. auch der Bedrohung durch andere soll mit gesenktem Haupt begegnet werden (ähnlich Jesus mit "liebet eure Feinde").
- Stoisch sei der Welt aus Anmaßung, Anspruch und Forderung zu begegnen. – ein Friedfertigkeitsideal, das selbst den modernen Pazifisten irritieren würde – das ist Bhuddha.

## 2.0 Suche nach einem »idealen Führer« – welche Eigenschaften sollte ein »idealer Führer« aufweisen?

**»Immo«** ***<u>(Autoren-Ich)</u>***

"Wie könnte nun ein »Idealer Führer« aussehen, der dann geeignet wäre, sein Volk zum Wohle desselben als allmächtiger Diktator zu regieren? Zur Beantwortung dieser Frage werden die besonderen Fähigkeiten und Chraraktermerkmale der zuvor beschriebenen 9 Personen der Weltgeschichte herangezogen, einzeln betrachtet und miteinander kombiniert.

**Es gilt herauszufinden, ob man durch die Zusammenführung**

**menschlicher Fähigkeiten**

**und**

**Charaktereigenschaften**

**sich einen Diktator – einen Alleinherrscher – vorstellen kann, der geeignet ist, sein Volk als Regierungschef zur vollen Zufriedenheit seiner Untertanen zu führen.**

<u>Das bedeutet im weitesten Sinne:</u>

Es geht an dieser Stelle darum, jene geeigneten Fähigkeiten und Charaktereigenschaften für eine herausgehobene politische Funktion zu finden, die die zitierten Herrscher der Geschichte nur zum Teil verkörperten. Um beim Beispiel zu bleiben, wäre es interessant, all jene günstigen, eher als **»moralisch«** zu klassifizierenden Eigenschaften eines Jesus mit jenen eher als **zupackend, »rational«** zu beschreibenden Merkmalen eines Karl des Großen zu kombinieren und dann zu vereinen.

Dazu wird zunächst davon ausgegangen, **ganz allgemein gesagt**, dass jeder Regierungschef eines Volkes

**aktiv/durchsetzende** und **gut/menschliche**
**(Linker Strang)** **(Rechter Strang)**
(Blatt A bis Blatt F)

Regierungsfähigkeiten aufweisen muss, um sein Volk erfolgreich führen zu können.

**Ob es gelingt, durch Kombination ausgewählter Fähigkeiten und Charaktermerkmale die Leitfigur eines »Idealen Führers« zu finden, wird sich zeigen.**

Die folgenden Aufzählungen und Gegenüberstellungen in Blatt A bis Blatt E sollen zu dem gewünschten Ergebnis führen. Im Anschluss an diese Kombinationen und Verschmelzungen in den Blättern A bis E wird in Blatt F geprüft, inwieweit das Regierungssystem der DDSR von 1990/1991 die Chance eröffnet, Menschen mit Regierungsaufgaben zu betrauen, die solche Fähigkeiten und Charaktermerkmale besitzen.

**Es ist zu prüfen, ob die Ansprüche an die Tätigkeiten der aufgeführten 90 Personen in den beiden Verfassungsorganen**

**STAATSRAT und MINISTERRAT,**

**– nachdem sie gewählt wurden –**

**vergleichbar sind mit den Anforderungen an einen »idealen Führer«.**

## 2.1 **Blatt A**, Fähigkeiten und Charaktereigenschaften kombiniert aus denen von Jesus und Buddha

Gesucht wird der **»ideale Führer«** als **Diktator**

*Abb. 4 Bilder, Jesus (links), Buddha (rechts)*

### ***2 Regierungsstränge der Befehlssgewalt***

Jesus (Je) Buddha (Bu)

| ***linker Strang***<br>aktiv/durchsetzend<br><br>Ziele/Merkmale<br>***+positiv/-negativ*** | ***rechter Strang***<br>gut/menschlich<br>(menschenfreundlich)<br>Ziele/Merkmale<br>***+positiv/-negativ*** |
|---|---|
| | |
| + Zerschlagen der Schere zwischen Arm und Reich (Je, Bu) | + Garantie von Toleranz gegenüber allen Wesen (Je, Bu) |
| + Garantie der Grundsicherung: Einkommen, Essen, Trinken (Je, Bu) | + Garantie von Glück für alle Wesen (Je, Bu) |

| | |
|---|---|
| ......... | + Garantie von Leben, Freiheit, Gleichheit, Gerechtigkeit, Sicherheit (Je, Bu) |
| ......... | + Garantie der Glaubensfreiheit (Je, Bu) |
| ......... | + Garantie der Ideenfreiheit, Meinungsfreiheit, Selbstbestimmung (Je, Bu) |
| ......... | + Bei allem Tuen starker Bezug zu Gott (Je, Bu) |
| ......... | + absolute Friedfertigkeit, keine Gewalt, keinerlei Kriegshandlungen (Je, Bu) |
| ......... | + Garantie von Selbstverwirklichung (Je, Bu) |
| ......... | + Kompromissbereitschaft (Je, Bu) |
| ......... | + Gerechtigkeit gegenüber Jedermann (Je, Bu) |
| ......... | ......... |
| ......... | ......... |

Erkenntnis:

**Linker Regierungsstrang ist nicht besonders stark ausgeprägt. Rechter Strang beinhaltet nur Gutes.**

Beurteilung:

**Die aus Jesus und Buddha neu entstandene Person ist nicht geeignet als der »ideale Führer« des Volkes eingesetzt zu werden, weil wesentliche Regierungsvoraussetzungen – wie Durchsetzungskraft und Weitsicht völlig fehlen.**

## 2.2 **Blatt B**, Fähigkeiten und Charaktereigenschaften von 5 Herrschern mit dem Zunamen der/die Große – Alexander, Karl, Otto I, Friedrich II, Katharina II – kombiniert zu einer neuen Einzelperson

Gesucht wird der **»ideale Führer«** als **Diktator**

*Abb. 5 Bilder, Alexander der Große (oben), Karl der Große (mitte links), Otto der Große (mitte rechts), Katharina die Große (unten links), Friedrich der Große (unten rechts)*

## *2 Regierungsstränge der Befehlsgewalt*

| ***linker Strang***<br>aktiv/durchsetzend<br><br>Ziele/Merkmale<br>***+positiv/-negativ*** | ***rechter Strang***<br>gut/menschlich<br>(menschenfreundlich)<br>Ziele/Merkmale<br>***+positiv/-negativ*** |
|---|---|
| | |
| – Weltreich begründen | – Menschenverachtung |
| – Unterjochung anderer Völker | + Kunstbeflissenheit |
| – Völkern Glauben aufpfropfen | – Rücksichtslosigkeit gegenüber anderen |
| – Völkern alle Freiheiten nehmen | – Maßlosigkeit ohne jede Kontrolle |
| – Zerstörung anderer Länder<br>+ Schutz des eigenen Volkes | – Machtgier als Hauptmotiv |
| – Vernichtung anderer Rassen | + Prinzipientreue |
| + Völkern Fortschritt bringen | + Durchsetzungsfähigkeit |
| – Mord zur eigenen Sicherheit (Otto) | ......... |
| + Kompetenz, Sachverstand, Aktivität | ......... |
| + Völkervereinigung, Friedensstifter | ......... |
| + Großer Einsatz für Schrift und Sprache.(Karl, Otto) | ......... |
| – Müttern die Söhne nehmen und im Krieg »verheizen« | ......... |
| ......... | ......... |

Erkenntnis:

**Für alle 5 Großen gilt gleichermaßen:**
Im linken Strang **aktiv/durchsetzend** wurden 8 negative und 5 positive Eintragungen vorgenommen.
Der rechte Strang **gut/menschlich** weist 4 negative und 3 positive Eintragungen auf.

Zusammenfassung:

**Als Ergebnis entsteht zwar eine ganz neue Person, aber mit Fähigkeiten und Charaktereigenschaften, die in jedem eizelnen der ausgewählten Herrscher bereits vorhanden waren.**

Trotz der ehrenvollen Zunamen »der/die Große« sind sie nicht geeignet, als»ideale Führer« eines Volkes oder mehrerer Völker zu regieren, denn

- sie sind rücksichtslos gegenüber dem Leben anderer und auch dem der eigenen Mitmenschen
- sie sind reine Kriegsherren mit der Intention, Menschen und Völker zu unterjochen oder ggf. zu vernichten
- sie würdigen nicht das **»von Gott gegebene Leben«** jedes einzelnen Individuums (z.B. Karl / »Sachsenschlächter« / Verden a.d. Aller fällt besonders negativ auf)

**Im rechten Regierungsstrang ist negativ anzumerken, dass das Merkmal der Achtung der Menschenwürde fehlt.**

**Machtgier und Krieg als Mittel zur Unterdrückung ganzer Völker stehen im Vordergrund – das gilt für alle 5 Großen gleichermaßen.**

**Positiv anzumerken ist allerdings, dass Otto der Große und Karl der Große sehr viel für die Entwicklung von Schrift und Sprache beigetragen haben.**

Beurteilung:

Die »Neue Führungsperson«, entstanden durch das Zusammenfügen und Vereinigen der Fähigkeiten und Charaktereigenschaften der 5 »Großen« zu einem »Neuen Ganzen«, einem neuen Alleinherrscher, ist nicht geeignet zum Herrschen als

**»Idealer Führer« des Volkes!**

## 2.3 **Blatt C,** Adolf Hitler, Einzelbetrachtung der Fähigkeiten und Charaktereigenschaften des ehemaligen Kanzlers des Deutschen Reiches (1933–1945)

Gesucht wird der **»ideale Führer«** als **Diktator**

*Abb. 6 Bild, Adolf Hitler*

### *2 Regierungsstränge der Befehlsgewalt*

| ***linker Strang***<br>aktiv/durchsetzend<br><br>Ziele/Merkmale<br>***positiv/negativ*** | ***rechter Strang***<br>gut/menschlich<br>(menschenfreundlich)<br>Ziele/Merkmale<br>***positiv/negativ*** |
|---|---|
| | |
| + voller Energie | – Menschenverachtung |
| + Buch als Ideengeber (allgemein gesehen) | – Größenwahn |

| | |
|---|---|
| + unermüdlicher Wahlkämpfer | – Selbstüberschätzung |
| + begnadeter Redner | – absolute Rücksichtslosigkeit |
| + Befürworter kurzer Befehlsketten | + Überzeugungskraft<br>+ Durchsetzungskraft<br>+ Gradlinigkeit |
| – Überfall fremder Völker | – Verlogenheit |
| – Tötung von etwa 50.000 persönlichen Gegnern | – Unmoral |
| – Verbot jeglicher Opposition | – Rigidität (Starrsinn) |
| – Zerschlagung von Pressewesen, Parteien und Gewerkschaften | – Verantwortungslosigkeit |
| – Übernahme Oberkommando der Wehrmacht | – Egozentrismus (unkritisch gegenüber der eigenen Person, ohne Selbsterkenntnis) |
| – Unkenntnis von Kriegsführung | – Kompromisslosigkeit |
| – Unterdrückung der Intelligenz<br>– Unterdrückung von Wissen......... | – Intoleranz |
| – Massenmörder<br>– Waffengewalt | – ohne jedes Augenmaß |
| – »Verführer« der Jugend | – Fehlen von Emphatie (Mitgefühl) (Hi) |
| – Bürgerferne | ......... |
| + Wille zum Regieren | ......... |

| | |
|---|---|
| + Arbeitsbeschaffung für das Volk | ......... |
| + gibt Volk Selbstwertgefühl nach verlorenem I. Welkrieg | ......... |
| – Beführvorter von Rassenlehre<br>– Glorifizierung der Arier (Herrenrasse) | ......... |
| – Lehre vom Untermenschen | ......... |
| – Versuche an Kindern und Erwachsenen in KZs | ......... |
| – Entfremdung der Kinder und Jugendlichen von den Eltern | ......... |
| – Streben nach absoluter Macht (Diktator) | ......... |
| – Verfechter des Bösen | ......... |
| – Anspruch auf Weltherrschaft | ......... |
| ......... | ......... |

Erkenntnis:

**Bei Hitler ist der rechte positive Befehlsstrang, der von den notwendigen menschlichen Stärken und Vorzügen eines »idealen Führers« zeugt, praktisch nicht vorhanden.**

Gesamtbeurteilung:

**Hitler ist als Diktator völlig ungeeignet!**

Die Lehre für die Menscheit:

Ein Volk darf niemals einen Diktator mit absoluter Macht ausstatten, der nicht nahezu ein »idealer Führer« ist!

**Die warnende Stimme vor der Übergabe der Regierungsgewalt an eine solche Person wie Hitler darf niemals verstummen!**

## 2.4 **Blatt D,** Fähigkeiten und Charaktereigenschaften von Adolf Hitler kombiniert mit den Fähigkeiten und Charaktereigenschaften von Jesus und Buddha

Gesucht wird der **»ideale Führer«** als **Diktator**

*Abb. 7 Bilder, Adolf Hitler (links), Jesus (mitte), Buddha (rechts)*

### *2 Regierungsstränge der Befehlsgewalt*

Hitler (Hi) Jesus (Je) Buddha (Bu)

| ***linker Strang***<br>aktiv/durchsetzend<br><br>Ziele/Merkmale<br>***positiv/negativ*** | ***rechter Strang***<br>gut/menschlich<br>(menschenfreundlich)<br>Ziele/Merkmale<br>***positiv/negativ*** |
|---|---|
| | |
| + Zerschlagen der Schere zwischen Arm und Reich (Je, Bu) | + Garantie von Toleranz gegenüber allen Wesen (Je, Bu) |

| | |
|---|---|
| + Garantie der Grundsicherung: Einkommen, Essen, Trinken (Je, Bu) | + Garantie von Leben, Freiheit, Gleichheit, Gerechtigkeit, Sicherheit (Je, Bu) |
| – Unterdrückung von Intelligenz und Wissen (Hi) | + Kompromissbereitschaft (Je, Bu) |
| – Streben nach absoluter Macht (Diktator) (Hi) | + Garantie von Glück für alle Wesen (Je, Bu) |
| + Buch als Ideengeber (allgemein gesehen) (Hi) | + Garantie der Glaubensfreiheit (Je, Bu) |
| + unermüdlicher Wahlkämpfer (Hi)<br>+ voller Energie (Hi) | + Garantie der Ideenfreiheit, Meinungsfreiheit, Selbstbestimmung (Je, Bu) |
| + Befürworter kurzer Befehlsketten (Hi) | + Garantie von Selbstverwirklichung (Je, Bu) |
| – Tötung von etwa 50.000 persönlichen Gegnern (Hi) | + Bei allem Tuen starker Bezug zu Gott (Je, Bu) |
| – Zerschlagung von Pressewesen, Parteien und Gewerkschaften (Hi) | + absolute Friedfertigkeit, keine Gewalt, keinerlei Kriegshandlungen (Je, Bu) |
| – Verbot jeglicher Opposition (Hi) | + Gerechtigkeit gegenüber Jedermann (Je, Bu) |
| – Übernahme Oberkommando der Wehrmacht (Hi) | + Überzeugungskraft (Hi)<br>+ Durchsetzungskraft (Hi)<br>+ Gradlinigkeit (Hi) |
| – Überfall fremder Völker (Hi) | – Menschenverachtung (Hi) |
| + begnadeter Redner (Hi) | – Größenwahn (Hi) |
| – »Verführer« der Jugend (Hi) | – Selbstüberschätzung (Hi) |
| – Massenmörder (Hi)<br>– Waffengewalt (Hi) | – Verlogenheit (Hi)<br>– Unmoral (Hi) |

| | |
|---|---|
| – Bürgerferne (Hi) | – Rigidität (Starrsinn) (Hi) |
| + Wille zum Regieren (Hi)<br>– Anspruch auf Weltherrschaft (Hi) | – Verantwortungslosigkeit (Hi)<br>– ohne jedes Augenmaß (Hi)<br>– absolute Rücksichtslosigkeit (Hi) |
| – Befürvorter von Rassenlehre (Hi)<br>– Glorifizierung der Arier (Herrenrasse) (Hi) | – Egozentrismus (unkritisch gegenüber der eigenen Person, ohne Selbsterkenntnis) (Hi) |
| – Lehre vom Untermenschen, Verfechter des Bösen (Hi) | – Kompromisslosigkeit (Hi)<br>– Intoleranz (Hi) |
| – Versuche an Kindern und Erwachsenen in KZs (Hi) | – Fehlen von Emphatie (Mitgefühl) (Hi) |
| – Unkenntnis von Kriegsführung (Hi) | ……… |
| + gibt Volk Selbstwertgefühl nach verlorenem I. Welkrieg (Hi) | ……… |
| + Arbeitsbeschaffung für das Volk (Hi) | ……… |
| – Entfremdung der Kinder und Jugendlichen von den Eltern (Hi) | ……… |

Erkenntnis:

***Die Merkmale beider Regierungsstränge (linker Strang/rechter Strang) stehen stets auf Konfrontation und können deshalb niemals zu den notwendigen harmonischen allseits vom Volk akzeptierten und erduldeten Regierungsentscheidungen führen!***

Beurteilung:

***Der neu entstandene Diktator, ausgestattet mit dem Gehirn von Hitlers gemäßigtem linken Befehlsstrang und dem guten rechten Befehlsstrang von Jesus und Buddha ist kein »idealer Führer« und deshalb für die Herrschaft über ein Volk völlig ungeeignet.***

## 2.5 Blatt **E,** Fähigkeiten und Charaktereigenschaften von Helmut Schmidt kombiniert mit den Fähigkeiten und Charaktereigenschaften von Jesus und Buddha

Gesucht wird der **»ideale Führer«** als **Diktator**

*Abb. 8 Bilder, Helmut Schmidt (links), Jesus (mitte), Buddha (rechts)*

### *2 Regierungsstränge der Befehlsgewalt*

Helmut Schmidt (S) Jesus (Je) Buddha (Bu)

| ***linker Strang***<br>aktiv/durchsetzend<br><br>Ziele/Merkmale<br>***positiv/negativ*** | ***rechter Strang***<br>gut/menschlich<br>(menschenfreundlich)<br>Ziele/Merkmale<br>***positiv/negativ*** |
|---|---|
| | |
| + Zerschlagen der Schere zwischen Arm und Reich (Je, Bu) | + Garantie von Toleranz gegenüber allen Wesen (Je, Bu) |

| | |
|---|---|
| + Garantie der Grundsicherung: Einkommen, Essen, Trinken (Je, Bu) | + Garantie von Leben, Freiheit, Gleichheit, Gerechtigkeit, Sicherheit (Je, Bu) |
| + Regierungskompetenz (S) | + Garantie von Glück für alle Wesen (Je, Bu) |
| + / – politische Weitsicht (S) | + Garantie der Glaubensfreiheit (Je, Bu) |
| + Minoritätenschutz (S) | + Garantie der Ideenfreiheit, Meinungsfreiheit, Selbstbestimmung (Je, Bu) |
| – Interessenüberlagerung (S) | + Bei allem Tuen starker Bezug zu Gott (Je, Bu) |
| + Blick für das Wesentliche | + absolute Friedfertigkeit, keine Gewalt, keinerlei Kriegshandlungen (Je, Bu) |
| – Majoritätenaffin (S) | + Garantie von Selbstverwirklichung (Je, Bu) |
| + Weitsicht (S) | + Kompromissbereitschaft (Je, Bu) |
| ......... | + Gerechtigkeit gegenüber Jedermann (Je, Bu)<br>+ Gerechtigkeit (S) |
| ......... | + Durchsetzungskraft (S)<br>+ / – Strenge (S)<br>+ Entschlussfähigkeit (S) |
| ......... | + / – Kompromissfähigkeit (S)<br>– Inkonsequenz (S) |
| ......... | – Egoismus (S)<br>– Rechthaberei (S)<br>– Rücksichtslosigkeit (S) |
| ......... | + / – Machtbesessenheit (S) |

Erkenntnis:

**Als Ergebnis entsteht eine ganz neue Person mit neuen Fähigkeiten und neuen Charaktereigenschaften.**

Zusammenfassung:

Die neu geschaffene Regierungsperson zeichnet sich durch den aktiv/durchsetzenden linken Regierungsstrang von Helmut Schmidt und dem gut/menschlichen rechten Regierungsstrang von Jesus und Buddha aus.

**Regierungskompetenz, verbunden mit Weitsicht und Durchsetzungsvermögen auf der einen Seite, vereinigt mit einer Vielzahl gesicherter gut/menschlicher Charaktereigenschaften auf der anderen Seite, garantiert, dass die neu geschaffene Person geradezu über eine Kombination von nahezu idealen Regierungsfähigkeiten verfügt.**

Vorbedingung für die oben gewählte Konstellation ist jedoch das willentliche Einverständnis von Jesus und Buddha, weltliche Macht zu übernehmen – immerhin antwortete Jesus bei der Vernehmung durch Herodes etwa um das Jahr 30 n. Chr. auf die Frage, ob er, Jesus, der König der Juden sei wörtlich:

**"Mein Königreich ist nicht von dieser Welt!"**

Auch Buddha hat niemals geäußert, Regierungsgewalt über andere Menschen übernehmen zu wollen, obwohl er von Geburt her ein Fürstensohn aus dem vorderindischen Nepal war. Aus diesem Grunde ist der Einsatz von Jesus und Buddha als weltliche Regierungspersonen **rein theoretisch** zu betrachten. **Allerdings gehe ich, »Immo«, sehr stark von der Annahme aus, dass auch Jesus und Buddha bereit wären, weltliche Regierungsmacht zu übernehmen, falls sich das Volk in übergroßer Gefahr befände und niemand in Sicht wäre, mit der Fähigkeit, das eigene Volk aus einer absoluten Notsituation herauszuführen.**

Beurteilung:

**Der neu entstandene Diktator (Alleinherrscher), ausgestattet mit den Fähigkeiten und Charaktereigenschaften von Helmut Schmidt auf der einen Seite und den Fähigkeiten und Charaktereigenschaften von Jesus und Buddha auf der anderen Seite könnte durchaus ein »idealer Führer« sein.**

## 2.6 Blatt **F**, Betrachtung der möglichen Fähigkeiten und Charaktereigenschaften von Staatsrats-Präsident (StRPräs) und Ministerrats-Präsident (MiRPräs) der DDSR entsprechend der »Neuen Verfassung« von 1990/1991

Gesucht wird der **»ideale Führer«** als **Diktator**

*Abb. 9* *2 Bilder, vorbehalten für den Staatsrats-Präsidenten (StRPräs, links) und den Ministerrats-Präsidenten (MiRPräs, rechts) nach ihrer Wahl im Staatsrat und Ministerrat (hier fiktive Personen)*

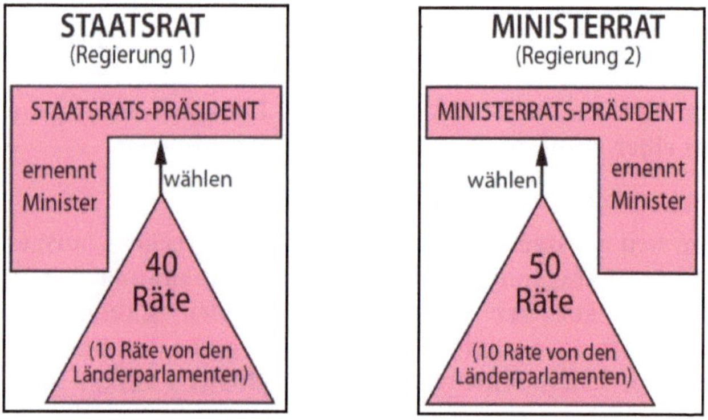


*Abb. 10* *Schema, Staatsrat (StR) und Ministerrat (MiR), Regierungssitz der Regierungschefs der DDSR (entnommen Schema Seite 60)*

Anmerkung:

Da es sich bei der Verfassung der DDSR um ein fiktives Regierungssystem handelt, sind auch die handelnden verantwortlichen Regierungspersonen wie Staatsrats-Präsident (StRPräs) und Ministerrats-Präsident (MiRPräs) namentlich nicht bekannt. Deshalb können die auf den Seiten 61-63 aufgeführten aktiv/durchsetzenden und gut/menschlichen Regierungsmerkmale der regierenden Personen nur aufgeführt werden, entsprechend den intendierten Möglichkeiten der DDSR-Verfassung von 1990/1991 – d.h., mögliche Regierungsmerkmale können nur bezogen werden auf Fähigkeiten und Charaktereigenschaften, die sich aus der »Neuen Verfassung« der DDSR mit großer Wahrscheinlichkeit herleiten lassen und deshalb vom Volk auch erwartet werden können.

## Mögliche Fähigkeiten und Charaktereigenschaften

von Staatsrats-Präsident (StRPräs) und Ministerrats-Präsident (MiRPräs) ergeben sich entsprechend der

**DDSR-Verfassung von 1990/1991.**

Zur besseren Übersicht ist das schematische Regierungssystem der DDSR-Verfassung von Seite 20/21/22 nochmals auf Seite 60 (Abb. 11) verkleinert zusammengefasst angeführt.

## *Regierungssystem der Deutschen Demokratisch-Sozialistischen Republik (DDSR)*

***seit dem Jahre 1990/1991** – nach der Idee des Verfassers*

*»Echte Demokratie« bedingt »Echte Gewaltenteilung« des Staates, deshalb bereits hier im Schema deutlich getrennt:*

***Farbe Blau** – **Gesetzgebende Gewalt**/Parlament mit Volkskammer, Länderkammer, 5 Länderparlamente*

***Farbe Rot** – **Ausführende Gewalt**/ Regierung 1/STAATSRAT mit Staatsrats-Präsident und Regierung 2/MINISTERRAT mit Ministerrats-Präsident und 5 Länderregierungen*

***Farbe Gelb** – **Rechtsprechende Gewalt**/, Oberstes Verfassungsgericht auf Republikebene, Vefassungsgericht der 5 Länder und Richterkammer mit allen übrigen Richtern der Republik*

*Der **Volkspräsident** steht als völlig unabhängiges Staatsorgan über den 3 Demokratischen Gewalten*

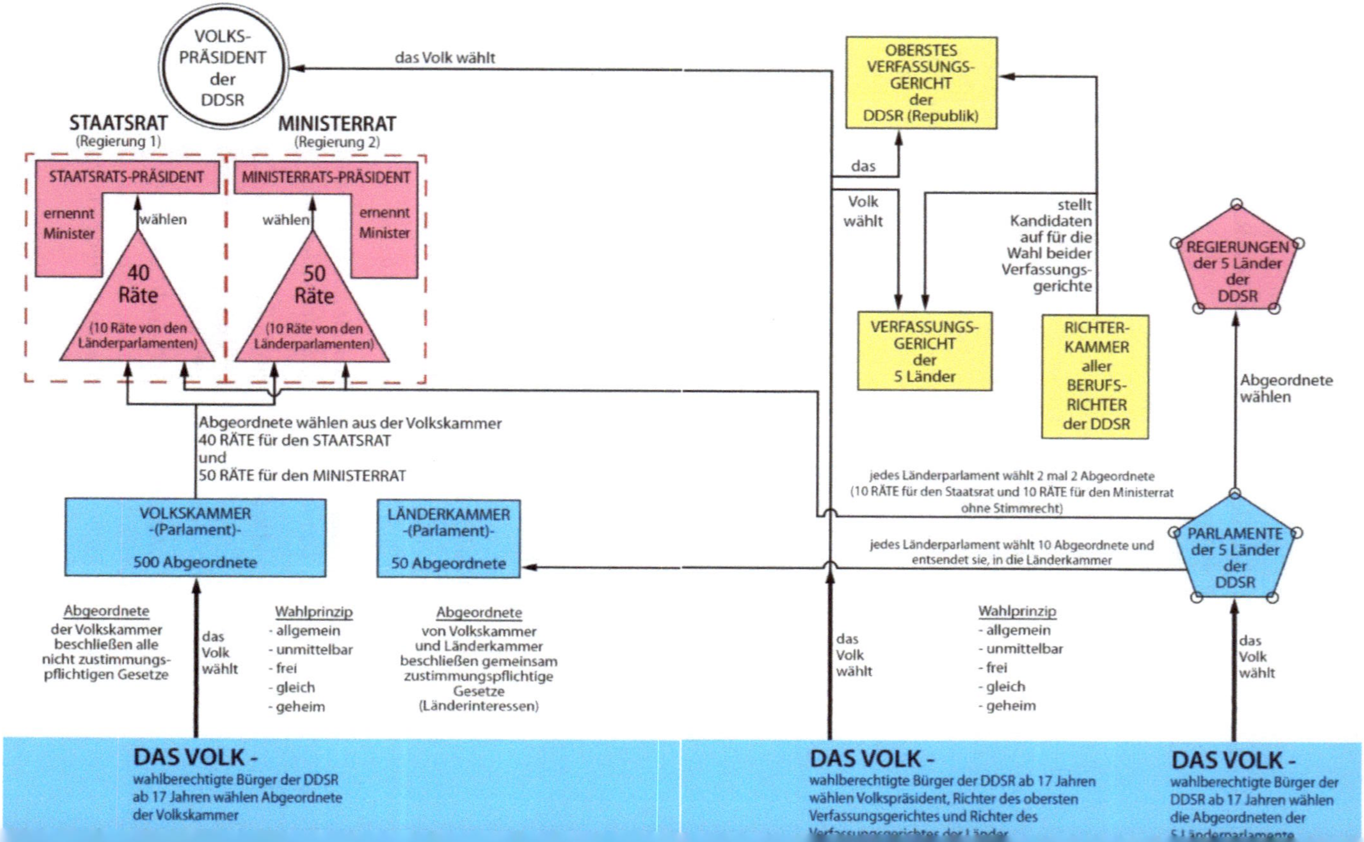

VOLKS-PRÄSIDENT der DDSR
das Volk wählt
STAATSRAT
(Regierung 1)
MINISTERRAT
(Regierung 2)
STAATSRATS-PRÄSIDENT
ernennt Minister
wählen
40 Räte
(10 Räte von den Länderparlamenten)
MINISTERRATS-PRÄSIDENT
ernennt Minister
wählen
50 Räte
(10 Räte von den Länderparlamenten)
Abgeordnete wählen aus der Volkskammer
40 RÄTE für den STAATSRAT
und
50 RÄTE für den MINISTERRAT
VOLKSKAMMER -(Parlament)- 500 Abgeordnete
LÄNDERKAMMER -(Parlament)- 50 Abgeordnete
Abgeordnete der Volkskammer beschließen alle nicht zustimmungspflichtigen Gesetze
das Volk wählt
Wahlprinzip
- allgemein
- unmittelbar
- frei
- gleich
- geheim
Abgeordnete von Volkskammer und Länderkammer beschließen gemeinsam zustimmungspflichtige Gesetze (Länderinteressen)
OBERSTES VERFASSUNGS-GERICHT der DDSR (Republik)
das
Volk wählt
VERFASSUNGS-GERICHT der 5 Länder
stellt Kandidaten auf für die Wahl beider Verfassungs-gerichte
RICHTER-KAMMER aller BERUFS-RICHTER der DDSR
REGIERUNGEN der 5 Länder der DDSR
Abgeordnete wählen
jedes Länderparlament wählt 2 mal 2 Abgeordnete (10 RÄTE für den Staatsrat und 10 RÄTE für den Ministerrat ohne Stimmrecht)
jedes Länderparlament wählt 10 Abgeordnete und entsendet sie, in die Länderkammer
PARLAMENTE der 5 Länder der DDSR
das Volk wählt
Wahlprinzip
- allgemein
- unmittelbar
- frei
- gleich
- geheim
das Volk wählt
DAS VOLK -
wahlberechtigte Bürger der DDSR ab 17 Jahren wählen Abgeordnete der Volkskammer
DAS VOLK -
wahlberechtigte Bürger der DDSR ab 17 Jahren wählen Volkspräsident, Richter des obersten Verfassungsgerichtes und Richter des
DAS VOLK -
wahlberechtigte Bürger der DDSR ab 17 Jahren wählen die Abgeordneten der

## *2 Regierungsstränge der Befehlsgewalt*

| ***linker Strang***<br>aktiv/durchsetzend<br><br>Ziele/Merkmale<br>***positiv/negativ*** | ***rechter Strang***<br>gut/menschlich<br>(menschenfreundlich)<br>Ziele/Merkmale<br>***positiv/negativ*** |
|---|---|
| Staatsrats-Präsident<br>Ministerrats-Präsident<br>(StRPräs) (MiRPräs) | Staatsrats-Präsident<br>Ministerrats-Präsident<br>(StRPräs) (MiRPräs) |
| | |
| + fortschrittliche Gesetzgebung | + Volksverbundenheit |
| + Würde des Menschen wird gewahrt<br>+ Garantie von Freiheit, Sicherheit | + Erzeugung von Gefühlen der Zufriedenheit, Selbstverwirklichung, Selbstwert und Glück |
| + gesichertes und ausreichendes Einkommen | – übergroße Selbstdarstellung der Regierenden möglich |
| + gerechte Verteilung des Erwirtschafteten | – Selbstüberschätzung der Regierenden möglich |
| + politische Weitsicht | + Gerechtigkeit |
| + Zulassung von Kritik | + Kompromissbereitschaft |
| + Garantie von Kontrolle | + Durchsetzungsvermögen |
| + Bereitstellung eines jährlichen Betrags für hungernde Kinder | – Gefühl der Überforderung möglich |
| + Wachstum, aber nicht um jeden Preis | – übergroßer Egoismus möglich |
| + Ächtung von Krieg, Atomwaffen und chemischen Kampfstoffen | – übergroße Kritik/Kontrolle empfunden als unangenehm möglich |

| | |
|---|---|
| + Glaubensfreiheit | ……… |
| + Förderung von Kindern,<br>Jugendlichen und Alten | ……… |
| + fortschrittliches Schulsystem | ……… |
| + Recht auf Arbeit/Ausbildung | ……… |
| + freie Berufswahl | ……… |
| + Opposition parlamentarisch<br>und außerparlamentarisch | ……… |
| + »echte« Demokratie mit<br>garantierter Trennung der<br>drei Gewalten<br>Parlament/Regierung/Richter | ……… |
| + Richter als unabhängiger<br>Berufsstand | ……… |
| + 8 Jahre Legislaturperiode für<br>alle gewählten Volksvertreter | ……… |
| + Interesse wecken beim<br>Bürger am politischen Leben | ……… |
| + Anreiz geben für politische<br>Ämter beim Bürger | ……… |
| + gerechte Wahlprinzipien | ……… |
| + Gefühl der<br>Regierungsbeteiligung bei<br>allen Bürgern erzeugen | ……… |
| + Gleichsetzung von Arbeit<br>und Kapital | ……… |
| + Neue Wirtschaftsform:<br>Zweistrom-Sozialismus | ……… |
| + Bannen der Robotergefahr | ……… |

| | |
|---|---|
| + Egoismus ist in Maßen erwünscht | ......... |
| + Bereitstellung von Entwicklungshilfe | ......... |
| + Sicherung des Umweltschutzes | ......... |
| + Vorreiter im Kampf gegen Welthunger, Erderwärmung, Weltkrankheiten, Tsunami, Wald- und Tiersterben usw. | ......... |
| + vorbildliches Gesundheitswesen | ......... |
| + Verständnis für den Einzelnen<br>+ Verständnis für andere Völker<br>+ Verständnis für andere Rassen | ......... |
| + Ideenfreiheit | ......... |
| + Förderung von Ehe und Familie | ......... |
| + Rechtzeitige Suche von StRPräs und MiRPräs nach geeigneten Nachfolgern | ......... |
| + Vorbildcharakter von Politikern fordern | ......... |
| + Nichtbevorzugung von Parteiangehörigen und Familienmitgliedern | ......... |
| + Regieren im Rahmen der Gesetze von Volkskammer und Länderkammer | ......... |
| + sich verstehen als Ausführende der Parlamente | ......... |

Erkenntnis:

**StRPräs und MiRPräs als gleichberechtigte Chefs der DDSR-Regierung von 1990/1991 können nebeneinander durchaus mit dem in Blatt E entstandenen »idealen Führer« verglichen werden. Im Verlaufe der weiteren Abhandlung wird sich zeigen, welcher der genannten Herrscher zu bevorzugen ist.**

## 2.6.1 Was bedeutet der Begriff »idealer Führer« – weitergehende Betrachtung der Tätigkeit von Staatsrats-Präsident und Ministerrats-Präsident der DDSR entsprechend der »Neuen Verfassung« von 1990/1991?

### 2.6.1.1 Sind die Begriffe »aktiv/durchsetzend« und »gut/menschlich« zu fordernde Voraussetzungen für einen »idealen Herrscher«?

**Der Autor**

"Werter »Immo«, ist Blatt F nun als eine Art Zusammenfassung der Blätter A-E zu verstehen?

Sollen die Blätter A-E in ihrem Ergebnis münden in Blatt F?"

**»Immo«** ***(Autoren-Ich)***

"Nein, verehrter Autor, so sind meine Diskussionsvorlagen nicht zu deuten. Vielmehr ist bei dem Wort »idealer Führer« zu bedenken, dass das Wort »Führer« beschrieben, ja geradezu klassifiziert wird durch das Wort »ideal« als einen Zustand, den man nicht mehr verbessern kann – also vereinfacht ausgedrückt – das Wort »ideal« lässt sich nicht mehr steigern. »Ideal« bedeutet also einen Zustand, der mit 100 % im herbeigeführten Endergebnis zu betrachten ist.

Nun besteht natürlich eine gewisse Schwierigkeit darin, zu beschreiben, was man unter einem »idealen Führer« versteht. Fragen Sie 1.000 Menschen und Sie erhalten möglicherweise 1.000 verschiedenene Antworten.

So sind auch in den Blättern A-E der aktiv/durchsetzende Strang und der gut/menschliche Strang in der jeweiligen Zusammenfassung derart vergleichend gegenübergestellt, dass nur eine **annähernd konkret-überprüfbare** Aussage im Ergebnis möglich ist – mehr tendenziell und nicht wissenschaftlich – so kann aber trotzdem, z.B. bezogen auf Blatt D und E gefolgert werden:

Hitlers Fähigkeiten und Charaktereigenschaften gepaart mit den Vorzügen von Jesus und Buddha sind abzulehnen, während Helmut Schmidts Fähigkeiten und Charaktereigenschaften verbunden mit den Vorzügen von Jesus und Buddha durchaus zu einer Person passen könnten mit nahezu

**»idealen Regierungsfähigkeiten«**

**– wobei »ideal«**

**gleichzusetzen ist mit**

**aktiv/durchsetzend** und **gut/menschlich**

also:

**»ideal« = aktiv/durchsetzend + gut/menschlich.**

Um dem Begriff

**»gut/menschlich«**

näherzukommen kann man bespielhaft das Wort

»GUT« für eine wünschenswert herausragend menschliche Regierungseigenschaft beschreiben –

**"Ein Mensch tut nur Gutes!"**

(Jesus der Gutmensch)

So könnte man alles was Jesus und Buddha bezüglich der Menschheit getan und gesagt haben mit der Eigenschaft »GUT«

zusammenfassen und hätte damit den Begriff »gut/menschlich« umfassend beschrieben.

Auch bei dem Begriff

**»aktiv/durchsetzend«**

können wir uns bei der Suche nach einer

**wünschenswert praktikablen**

**Regierungsform**

im Grundsatz einigen auf die allen bekannten Menschenrechte – bereits 1776 formuliert für die Unabhängigkeitserklärung durch den späteren Amerikanischen Präsidentn Thomas Jefferson, sinngemäß:

**»Durch die Sicherstellung von**

**Grundrechten**

**auf**

**Leben, Freiheit und Gleicheit**

**muss jeder Mensch die Möglichkeit haben, sein**

**Glück in freier Selbstentfaltung**

**zu suchen, zu finden und zu leben!«** [18]"

### 2.6.1.2 Suche nach einem übergreifenden »Regierungsdach« für die Einzelvölker der »Menschenerde«

**»Immo«** *(Autoren-Ich)*

"Vorbedingung:

Es bildet sich die Erkenntnis heraus, dass der Mensch auf Grund all seiner unterschiedlichen Eigenschaften – kein Mensch ist wie der andere – ein übergreifendes **»Regierungsdach«** benötigt, unter dem aber alle Menschen trotz ihrer Unterschiedlichkeiten relativ zufrieden leben können. Bedingung ist allerdings, dass dieses **»Dach«** von den Menschen selbst in Eigenverantwortung geschaffen wird und in seiner Fortführung auch – sichtbar für jeden – von den Menschen selbst verwaltet wird.

Konsequenz:

**Wenn sich alle Menschen in der Erarbeitung ihrer eigenen Gesetze wiederfinden und erkennen, dass sie sich auch tatsächlich**

**selbst regieren und dass all ihr Tun einer gerechten, sinnvollen aber notwendigen Kontrolle unterzogen ist**

**– dann ist für alle gewährleistet und sichergestellt, dass**

**der Mensch sich selbst verwirklicht und tatsächlich das Glück für sich , die Kinder und die Kinder der Kinder in Eigenregie selbst schmiedet.**

**Der Mensch fühlt sich nicht mehr gegängelt, sondern frei, Gegenwart und Zukunft in Eigenverantwortung zu gestalten.**

**Wenn sich die Menschen ihrer unterschiedlichen Charaktere und Fehler bewusst werden, dann werden sie erkennen, dass das**

**Regierungssystem der »Neuen DDSR« durchaus geeignet ist, jenes »Dach« für alle zu sein, unter dem Milliarden Menschen trotz ihrer Unterschiedlichkeiten in Hautfarbe, Glaube und Tradition ein erfülltes Leben führen können – jedes Land für sich - aber offen für die Belange und Sorgen des Nachbarn."**

### 2.6.1.3 Das kleine Volk der DDSR – Vorbild für 200 Länder bei der Suche nach »idealen Regierungspersonen«

<u>**»Immo«** ***(Autoren-Ich)***</u>

**"Das kleine Volk der DDSR ist der Vorreiter für viele andere Länder**
**– die 17 Millionen Bürger zeigen, dass sie mit ihrem »Neuen Regierungssystem« hervorragend leben können.**

**17 Millionen Bürger erleben und leben mit ihrem geschaffenen**
**»DEMOKRATISCHEN SOZIALISMUS«**
**Ruhe, Sicherheit und Zufriedenheit,**
**ein**
**GLÜCKLICHES VOLK,**
**dass auf der Grundlage**
**»ECHTER DEMOKRATIE«**

**eine neue, bisher unbekannte aber gerechteWirtschaftsform geschaffen hat, den**

**»ZWEISTROM-SOZIALISMUS«**

**– eine Wirtschaftsform, die gerecht genannt werden kann, weil auch die 17 Millionen Bürger der DDSR sie als gerecht empfinden.**

**Ein Regierungssystem, auf dessen Grundlage die Regierenden das ganze Volk glücklich machen, kann durchaus,wie bereits gesagt, mit dem neu geschaffenen »IDEALEN FÜHRER« aus Blatt E verglichen werden**
**– praktikabel und sicher zu handhaben für 17 Millionen**

# – geschaffen vom Volk für das Volk!"

## 2.6.1.4 Wer sind die 17 Millionen Bürger der DDSR?

### 2.6.1.4.1 Kann Charles Darwin helfen bei der Bestimmung der Bürgermerkmale von »GUT« und »BÖSE« jedes Einzelnen des DDSR-Volkes?

**»Immo«** ***(Autoren-Ich)***

"Es wird Sie, verehrter Autor, wie auch die Leser möglicherweise überraschen, dass ich, »Immo«, nach reiflicher Überlegung und dem Vergleich der Blätter E und F zu folgender Aussage komme:

**Für das ganze Volk der DDSR des Jahres 2019 sind die nach der »Neuen DDSR-Verfassung« tätigen Regierungschefs sogar besser geeignet als der »ideale Führer« aus Blatt E.**

Um diese Behauptung zu belegen, bedarf es zunächst noch einiger Einzelbetrachtungen.

Am Anfang steht die Frage:
Wer sind sie, die 17 Millionen des kleinen DDSR-Volkes?

Und in diesem Zusammenhang müssen sich auch sogleich die Angehörigen aller übrigen Völker auf der »Menschenerde« die gleiche Frage stellen:

›Wer sind wir?‹

– falls die »Neue DDSR-Verfassung« auf ihre Eignung hin zum Einsatz auf weitere 200 Länder überprüft werden soll.

Erst wenn der Mensch sich offenbart

- in seinen Schwächen und Stärken,
- seinen Fähigkeiten und Unfähigkeiten,
- seiner Moral und Unmoral,
- seiner Weitsicht und Engstirnigkeit,

- seiner Befürwortung des Guten und seinem Drang zum Bösen,

dann, und erst dann wissen wir, mit **wem** wir es zu tun haben.

Erst, wenn wir das Individuum Mensch bildlich einigermaßen klar vor uns sehen, erst dann können wir verhältnismäßig sichere Aussagen darüber machen, welches wohl das

**geeigneteste Regierungssystem**

wäre, die Spezies Mensch zu regieren

**– erst dann können wir die »Dächer« bauen, unter denen es 7,6 Milliarden Menschen in 200 Ländern tatsächlich aushalten und gemeinsam leben können.**

Es bedarf also zunächst einer Analyse der Spezies »Mensch«.

An dieser Stelle nochmals die Ausgangshypothese von Seite 69:

**›Die Regierungs-Chefs entsprechend der »Neuen Verfassung« der DDSR sind für die Erstellung eines »Regierungsdachs« für die Völker des 21. Jahrhunderts besser geeignet als der neu entstandene »ideale Führer« von Blatt E.‹**

Für die Bearbeitung dieser Behauptung mögen zunächst die Erkenntnisse des berühmten englischen Naturwissenschafttlers Charles Robert Darwin (12. Februar 1809 – 19. April 1882) herangezogen werden.

Darwin macht ab 1831 auf dem Kleinsegler »Beagle« eine 5-jährige Entdeckungsreise. Er untersucht sehr sorgfältig, besonders auf Inseln im pazifischen Ozean die Tierwelt und Formationen der Erde.

In seinen Büchern »Die Entstehung der Arten« sowie »Die Abstammung des Menschen und die geschlechtliche Zuchtwahl«[19] führt er alles Leben auf der Erde zurück auf

**Evolution und natürliche Auslese**

– ganz im Gegensatz zur damaligen Lehre der allmächtigen Kirche, wonach alles Gott dem Schöpfer zuzuschreiben war.

*Abb. 12 Das Weltumseglerschiff »Beagle« von Charles Darwin Reisedauer von Dezember 1831 bis 1836*

*Abb. 13 Der Aufstieg des Menschen – www.planet-wissen.de 2. Figur v.li. vom Autor hervorgehoben als möglicher 1. Homo sapiens (Mensch 200.000 v.Chr.)*

Die Darwinsche Lehre gipfelt in der Aussage, dass der Mensch Abkömmling der Primaten sei, wobei Darwin sehr eingehend Mensch und Affe vergleicht und die Gemeinsamkeiten beider Spezies hervorhebt.

Obwohl Darwin meines Wissens niemals die Behauptung aufgestellt hat – der Mensch stamme vom Affen ab, unterstellt man ihm trotzdem, durch seine Formulierungen und Umschreibungen hinter vorstehender Behauptung zu stehen. Hinsichtlich der Mensch-Affe-Abstammungsfrage zieht sich seit Darwins Veröffentlichungen ein Riss durch die Menschheit – nicht ganz unverschuldet durch Darwins Formulierungen selbst.

Nun mag Darwin ja dahingehend Recht haben, dass der Knochenaufbau, die Gestalt, der aufrechte und auch der gebückte Gang, Gebiss, Kopfform, Hand, Fuß und Zehen, Fingeranordnung, Teile der Behaarung und vieles mehr beim Vergleich von Affe und Mensch als sehr ähnlich beurteilt werden können.

Falls wir heute, 2019, 147 Jahre nach Erscheinen von Darwins Buch Darwin fragen könnten, was er denn zu den besonderen Eigenschaften und Merkmalen des heutigen Menschen – ***den Nachfahren der »Darwin-Primaten«***– sagen würde, dann könnte man erwarten, dass er Menschen beschreibt – bei denen noch immer Kopfform, Gebiss und Gang mit dem Affen vergleichbar sind. Neben diesen relativ auffälligen **äußeren** für jedermann sichtbar **gemeinsamen** Vergleichsmerkmalen gibt es aber heute auch **innerliche,** von Mensch und Affe völlig unterschiedliche Wesensmerkmale. Falls Darvin heute **charakterliche Eigenschaften** beider Spezies vergleichen würde, müsste ihm auffallen, dass Mensch und Affe sich unterscheiden wie Feuer und Wasser, wenn man das »Böse« in beiden Spezies betrachtet. Beim Menschen treten besonders bösartige Merkmale geradezu als Häufung auf, die man aber nicht einmal im Ansatz beim Affen findet – wie die folgende Aufzählung besonders böser Menschen zeigt, die wir heute **vermehrt** in der menschlichen Rasse finden:

Kindermörder, Massenmörder, Frauenmörder, Raubmörder, Lustmörder, Kinderschänder, Vergewaltiger, Sklavenhändler, Sklavenhalter, Kinderarbeitausnutzer, Umweltzerstörer, Umweltsünder, Wohnungshaie, Steuerbetrüger, Kinderschläger, Frauenschläger, Schläger mit Fäusten und Waffen, Arbeitsausbeuter, Terroristen, kleine Betrüger, große Betrüger, Einbrecher, Bankräuber, Ehebrecher, Fremdgänger, Verkehrssünder, Spanner, Verkehrsraudis, Mördersoldaten, soldatische Zivilistenmörder, Staat als Tötungs- und Kriegsmaschine, Machtmissbrauch durch Länderpräsidenten, Judenmörder, Bombenleger, Atombombenbauer und -werfer, Mafiatäter, Kriegsverbrecher, große und kleine Lügner, große und kleine Egoisten u.s.w.!

Nach dieser Aufzählung erscheint es angebracht, eine grobe Einteilung der Menschen zwischen »GUT« und »BÖSE« vorzunehmen, um sich ein Bild vom Anteil des »BÖSEN« zu machen – das geschieht mit Hilfe der Skala in Abb.14:

Mutter Theresa[20] steht als besonders guter Mensch auf der einen Seite (links) bis hin zu jenem besonders bösen Menschen aus Norwegen, dessen Namen ich nicht aussprechen möchte, auf der anderen Seite (rechts) – jener 32-jährige, der am 22. Juli 2011 69 jugendliche Sozialdemokraten auf der Insel Utoeya und tags zuvor 8 Menschen in Oslo aus Rassenwahn dahinmordete.[21]

Zwischen Mutter Theresa, die sich Jahrzehnte lang uneigennützig für Schwerkranke von Lepra Befallene in Indien einsetzte und jenem Massenmörder aus Norwegen könnte man auf einer Skala von 1 bis 1.000.000 alle anderen 7,6 Milliarden Menschen entsprechend ihrer **guten** und **schlechten** Anlagen einordnen.

In diesem Fall hat Mutter Theresa die Nr. 1 und der junge Böse aus Norwegen die Nr. 1.000.000.

| 1.............. bis ..............1.000.000 |
|---|

*Abb. 14 Skala, »GUT« – »BÖSE« für alle Menschen – nach der Idee des Verfassers*

Wir »Toraner« wären natürlich in der Lage, jeden einzelnen Menschen der 7,6 Milliarden genauestens in die Skala 1 bis 1.000.000 einzuordnen. Wir verzichten aber darauf, da wir uns nicht in die Vorgänge – der Suche nach einem »Idealen Führer« auf der »Menschenerde« – einmischen dürfen. Unsere Aufgabe bleibt aber weiterhin die Beobachtung, Analyse und Bewertung der angesprochenen Vorgänge.

Versuchen Sie, verehrter Leser, es auch einmal, sich zwischen absolut »GUT« und absolut »BÖSE« einzuordnen. Sie werden sehen, dass bei einer ehrlichen Betrachtung des eigenen »SELBST« auch immer ein Teil »Böses« vorhanden ist

**– demnach gibt es unter den 7,6 Milliarden Menschen (2019) praktisch niemanden, der sich mit absolut »GUT«, also mit unter 1 einordnen kann.**

**So können wir tatsächlich davon ausgehen, dass es auf der Erde nur Menschen gibt, die mehr oder weniger auch »BÖSE« sind.**

Der Autor, den ich zuvor um eine eigene persönliche Einschätzung gebeten habe, ordnete sich bei 75.000 ein, also ganz grob gesagt, bezogen auf seine vorhandenen menschlichen Charakteranlagen, schätzt er sich selbst ein mit:

*90 % »GUT« und 10 % »BÖSE«.*

Die Konsequenz:

**Es gilt »Regierungsdächer« zu bilden unter denen 7,6 Milliarden Menschen in ihren 200 Ländern trotz all ihrer Unterschiedlichkeiten – also trotz ihrer auch vorhandenen bösen Charaktereigenschaften, die jeder einzelne vorzuweisen hat – zufrieden leben können.**

Es darf wohl als äußerst unwahrscheinlich gelten, dass nach der Millionen Jahre langen Entwicklung des Affen aus ihm vor nur etwa 200.000 Jahren der Homo sapiens entstanden ist – **der Mensch** – der dann innerhalb von nur 200 Jahrtausenden derart böse geworden ist:

- ein Terrorist,
- ein Atombombenleger und -werfer,
- ein Lustmörder und
- Umweltzerstörer!

Obwohl Darwin 20 Jahre lang seine damals wie auch heute als revolutionär geltenden Erkenntnisse zurückgehalten hat, kann keinesfalls all das Böse im heutigen Menschen in so kurzer Zeit vom Affen vererbt worden sein – hierzu wären viele Millionen Jahre **Evolutionsgeschichte und natürliche Auslese** nötig gewesen, die Darwin ja wohl selbst für eine derartig umfassende Entwicklung vorausgesetzt hätte.

Anders ausgedrückt:

**Der immense Sprung zum Bösen des Menschen des 21ten Jahrhunderts wäre in der Zeitspanne 200.000 v. Chr. (erster Homo sapiens) bis 2019 nicht möglich gewesen – egal ob unser Vorfahre nun Affe oder Darwin-Primat war – hier liegt ein von den Menschen bisher ungelöstes Rätsel!**

Hinzu kommt, dass **jedem Menschen** klar sein müsste, dass in bestimmten Situationen der Mensch auch das **»ABSOLUT BÖSE«** verwirklichen könnte, sei es, dass er, um sich selbst zu retten, zur Tat schreitet, sei es, dass er einem vermeintlich höheren Gut zuliebe, das Schreckliche verwirklicht.

So hat man inzwischen erkannt, dass in **jedem Menschen** tatsächlich, wie oben beschrieben, auch das **»ABSOLUT BÖSE«** steckt, das bei jedem Einzelnen in bestimmten Situationen zu Tage treten kann –

**so bei folgender Sachlage,**

**bei der fast jeder von uns – beispielsweise im Krieg als Soldat – sogar zum Mörder werden könnte, denn es ist bereits millionenfach belegt, dass**

**<u>normale</u> Soldaten häufig zu Mördern werden – denn sie töten mit Vorsatz nicht nur Soldaten, sondern auch Zivilisten – wie alte Menschen, Frauen und Kinder!**

Die andere Seite, die erklärten Gegner von Darwins Aussagen, behauptet mit Jahrhunderte Jahre alter Beharrlichkeit, dass alles von einem Schöpfergott käme.

Daraus ergibt sich zwangsläufig:

**».....auch der Kindesmörder, der Terrorist und der Kinderschänder demnach von Gott kommen!«**

Nach den beiden zuvor genannten Lehransätzen

– **Evolution und natürliche Auslese** oder **Schöpfergott** –

dürften es demnach die Menschen von 2019 verdanken, weshalb allein zur Zeit etwa **15.000.000** (Millionen!!) **Mörder**[22] unter ihnen leben

**– Lustmörder, Raubmörder, Kindermörder, Massenmörder ...**

Will man sich über die Anzahl dieser Unholde eine Vorstellung machen, so bietet es sich an, als Vergleich die gesamten Einwohnerzahlen der deutschen Städte Berlin (3.613.495), Hamburg (1.830.584), München (1.456.039), Köln (1.080.394), Frankfurt a. M. (746.878), Stuttgart (632.743), Dortmund (586.600), Leipzig (581.980), Bremen (568.006), Dresden (551.072), Hannover (535.061), Nürnberg (515.201), Bielefeld (332.552), Bonn (325.490), Karlsruhe (311.919), Magdeburg (238.478), Erfurt (212.988), Rostock (208.409), Kassel (200.736), Saarbrücken (180.966), Osnabrück (164.374) und Würzburg (126.635) des Jahres 2017 heranzuziehen – **die Gesamteinwohnerzahl mit insgesamt 15.000.600**[23] (Abb. 15).

*Abb. 15* *Landkarte Bundesrepublik Deutschland, Idee vom Autor – die Einwohnerzahlen in 22 Großstädten der BRD im Jahre 2017 dienen als Vergleich zu den 15 Millionen auf der Erde lebenden Mördern im Jahr 2019 (siehe [23])*

Falls wir, entsprechend heutiger Geschichtslehre, die Entwicklung des Menschen in der Zeit vom ersten Homo sapiens vor 200.000 Jahren bis in unsere Gegenwart sehen, dann können wir die Figuren aus Abb. 13 (von links nach rechts) auf einem Zeitstrahl etwa wie folgt einteilen: Nr. 2 bei 200.000 v.Chr., Nr. 3 bei 10.000 v.Chr. (Steinzeit, Steinkeil) und Nr. 5 bei 2019. **Die sprunghafte Entwicklung des Menschen zum zuvor beschriebenen »BÖSEN« mit z.Zt. etwa 15 Millionen Mördern** (2019) **in nur 200 Jahrtausenden bleibt ein unerklärliches Rätsel!** *Woher die Menschen und das »BÖSE« tatsächlich kommen erkläre ich, »Immo«, Ihnen, verehrter Leser, später an anderer Stelle."*

### 2.6.1.4.2 Beinhaltet die Verfassung der DDSR besondere Vorzüge – etwa Garantie von Regierungsfähigkeit und Regierungskompetenz für den Staatsrats-Präsidenten und den Ministerrats-Präsidenten – vergleichbar einem »idealen Führer«?

**»Immo«** ***(Autoren-Ich)***

"Zunächst die vordergründige Frage:

**Weshalb lässt sich die Verfassung der DDSR von 1990/1991 vergleichen mit den Vorzügen eines »idealen Führers«, entsprechend Blatt »E«?**

Die Antwort:

Zu Beginn einige grundsätzliche Gedanken und Erklärungen zu der »Neuen Verfassung der DDSR« unter der Voraussetzung, eine

**»Echte Demokratie«**

geschaffen zu haben mit den unabdingbaren und unverzichtbaren Forderungen nach Gewaltenteilung und nachvollziehbarer Kontrolle der 3 Gewalten untereinander. Ich, »Immo«, gehe zunächst auf die wesentlichen Neuerungen der DDSR-Verfassung ein, um anschließend die Vorzüge dieses Regierungssystems zu würdigen.

**›Ist es vergleichbar oder überlegen und deshalb vorzuziehen einem Regierungssystem, in dem ein »IDEALER FÜHRER« agiert wie in Blatt E?‹**, stelle ich mir nochmals die Frage.

Ihnen, verehrter Autor, kann ich bereits jetzt an dieser Stelle sagen, dass auch wir »Toraner« es sehr lange Zeit nicht geschafft haben, etwas derartig Großartiges wie das kleine Volk der DDSR 1990/1991 zu vollbringen. Ich selbst bin gespannt, ob sich meine hochgesteckten Erwartungen erfüllen und werde entsprechend dem von Ihnen, dem Autor, vorgelegten VERFASSUNGSSCHEMA (vergleiche Seiten 59/60) zunächst die Vorzüge des »Neuen Regierungssystems« der DDSR herausarbeiten und dann aus der Sicht unseres Volkes – den »Toranern« – beurteilen."

## 2.6.1.4.3 Positive Besonderheiten der »Neuen DDSR-Verfassung« – mit einigen Hinweisen auf das Grundgesetz (GG) der Bundesrepublik Deutschland (BRD)

**»Immo«** ***(Autoren-Ich)***

"Zunächst die vordergründige Feststellung:

Wir finden in dieser Verfassung **erstmals** die in allen sogenannten bisherigen Demokratien gestellte aber nicht vollzogene Forderung nach strikter Trennung der 3 Gewalten –

**Legislative, Exekutive und Judikative.**

Allein diese absolute Trennung der

**gesetzgebenden, ausführenden** und **rechtssprechenden**

Gewalt sichert seinem Volk ein Leben in einer

**»Echten Demokratie«.**

Damit ist auch die wesentlichste Forderung hinsichtlich des Tuns aller 3 Verfassungsorgane innerhalb einer demokratisch geführten Republik erfüllt:

**Kontrolle!**

Schon der

STAATSRATS-PRÄSIDENT (StRPräs)

und der

MINISTERRATS-PRÄSIDENT (MiRPräs)

befinden sich im Staatsrat und im Ministerrat der DDSR in 2 streng voneinander getrennten Regierungsapparaten mit – von der Verfassung zugewiesenen – unterschiedlichen Aufgaben.

Der **StRPräs** ist zuständig für alle **auswärtigen**, auch länderübergreifenden Angelegenheiten und ist im Verteidigungsfall der Chef aller Streitkräfte. In Friedenszeiten übernimmt einer seiner Stellvertreter die Leitung der Verteidigungsstreitkräfte, vergleichbar dem Verteidigungsminister der BRD. Ein Außenminister, wie in der BRD ist damit nicht erforderlich. Dieser muss sowieso den Weisungen des Bundeskanzlers folgen – also hat die Installation des Staatsrates mit dem StRPräs an der Spitze nur Vorteile gegenüber dem BRD-Regierungssystem.

Der **MiRPräs** ist zuständig für alle **inneren** Angelegenheiten der Republik. Er ist der Vorgesetzte aller Beamten und Staatsbediensteten – also auch Chef der Polizei, aller Geheimdienste und des Öffentlichen Dienstes.

Mit der Unterteilung in **Regierung 1** (StR) und **Regierung 2** (MiR) haben die Gründungsväter bereits bei der Festschreibung der Verfassung 1990/1991 für Staatsrat und Ministerrat **starke Kontrolle** beider Institutionen im Voraus festgelegt – durch **strenge Trennung der Zuständigkeiten.**

Ein gemeinsames »Regierungsgemauschel« von Staatsrats- und Ministerratsmitgliedern, gestärkt durch eine kommunistische Einheitspartei wie in der ehemaligen DDR ist damit von vornherein völlig ausgeschlossen!

Der VERTEIDIGUNGSFALL sowie jeglicher Einsatz von Truppen im Ausland – kriegerisch oder zivil – bedarf eines ERMÄCHTIGUNGSGESETZES durch den Gesetzgeber, d.h. die Mehrheit der Abgeordneten von Volkskammer (VK) und Länderkammer (LK) ist erforderlich – sowie die Bestätigung des Gesetzes durch den Volkspräsidenten (VOPräs). Damit findet in diesem Falle bereits durch die Verfassung erzwungene Kontrolle des Staatsrates statt – durch die beiden völlig unabhängigen Gesetzgebungsorgane Volkskammer (VK) und Länderkammer (LK). Eine »Pseudodemokratie« wie beispielsweise in der Bundesrepublik Deutschland ist hier unmöglich. Der BRD-Bundeskanzler und seine Minister (Regierung/Exekutive), die in der Regel alle auch volles Stimmrecht im Bundestag (Legislative) haben, können nämlich Gesetze mitbestimmen, die sie selbst betreffen. Kontrolle der Regierung durch die Gesetzgebungsorgane findet in der BRD in diesem Falle also praktisch nicht statt – **wegen der Vermischung der beiden Gewalten Regierung und Parlament.**

Über dem Staatsrat und dem Ministerrat – auch über den Tätigkeiten der Gesetzgebungsgremien stehen als **völlig unabhängige Verfassungsorgane** der Volkspräsident (VOPräs) und das Oberste Verfassungsgericht (OVerfG) – beide Organe **direkt gewählt** von den Wahlberechtigten des Volkes.

Der Volkspräsident ist zwar nicht Vorgesetzter oder Weisungsberechtigter der zwei Regierungen Staatsrat und Ministerrat – er kann aber mahnen, anklagen oder gar das Verfassungsgericht anrufen. Das gleiche gilt für die beiden Parlamente der Republik, wobei als besonders scharfes Kontrollelement die Ablehnung von Gesetzen durch den Volkspräsidenten vorgenommen werden kann.

Auch das Oberste Verfassungsgericht ist als Richterliche Gewalt völlig frei und unabhängig – vom Volke gewählt und damit von der Verfassung ermächtigt, die Regierungs- und Gesetzgebungsorgane bei Bedarf zu zwingen, im Rahmen der Verfassung und der verfassungsmäßigen Gesetze zu handeln.

**Von der Verfassung ist eindeutig vorgegeben, dass freie unabhängige Verfassungsorgane einander kontrollieren – das ist »ECHTE DEMOKRATIE«.**

Das Volk der DDSR mag aber besonders erfreuen, dass seine Wahlberechtigten nicht wie in der BRD alle 4 Jahre zur Bundestagswahl geschleift werden, um danach praktisch ohne jede Möglichkeit zur Einflussnahme hilflos dem Treiben der Regierenden zusehen zu müssen. Da helfen dann auch Demonstrationen zu allen möglichen Unannehmlichkeiten und Ungerechtigkeiten wenig.

Die Gelbwesten mit ihren Aktionen in Frankreich mögen ein erstes Zeichen sein, dass ein nicht unwesentlicher Teil eines Volkes sich durch das herrschende Regierungssystem

**nur scheinbar getrennter Gewalten**

deklassiert und verraten fühlt.

Die Realität der bestehenden demokratischen Systeme besteht weitgehend darin, dass die gewählten Regierungsvertreter im Schulterschluss mit Kapital und Interessenverbänden die Selbstbedienung der Reichen und Wohlhabenden unterstützen.

Millionen bleiben auf der Strecke, da sie keine Lobby haben. Hatten sie noch an die Vorwahlversprechen geglaubt, so folgt beinahe gesetzesmäßig die Enttäuschung durch den Bruch jener Versprechen. Auch die sogenannten sozialdemokratischen Parteien vergessen schnell das »Soziale« (man denke nur an die Hartzgesetze) und haben teil an jener Selbstbedienungsmentalität.

**Millionen Kinder und deren Eltern darben dahin an der Armutsgrenze – sie haben keine Fürsprecher und sie haben auch keine Zukunft!!!!!**

Was sollen die Armen und Arbeitslosen auch machen, wenn ein Deutscher Bundeskanzler (Gerhard Schröder) – seines Zeichens **Sozialdemokrat** – wenn dieser Mann mit seiner Macht und seinem Tross die sogenannten »Hartz IV«-Gesetze erlässt und Millionen Bürger in die Armut treibt (2005)?

Nach getanem Werk verlässt Herr Schröder die Regierung, um danach Millionen bei dem russischen Konzern Gazprom zu schaufeln – sein Lebenswerk heißt noch heute, 2019, »Hartz IV « – »Hartz« benannt nach dem Personalvorstand **der Aktiengesellschaft »Volkswagen« und nicht etwa nach einem Sozialdemokraten.**

Selbst heute, 14 Jahre nach Inkrafttreten der »Hartz IV«-Gesetze nimmt man dieses Unrecht nicht zurück – Herr Schröder erfreut sich weiterhin seiner Millionen Dollar und die Vasallen bei seiner **SPD** schlagen sich vor Freude auf die Schenkel, wenn die 2 Millionen »Harz IV-Kinder« (2017) jährlich pro Monat 2 € mehr erhalten

**– traurig, traurig –**

denn die »Nachkommen« des Herrn Schröder arbeiten schon seit längerem mit Hochdruck an ihrem eigenen Untergang. Leider ist die damalige Hoffnungsträgerin der Armen und Arbeitslosen, die ehemalige Volkspartei **SPD,** 2019 mit ihren z.Zt. 11 % Wählerzustimmung (laut Forsa-Trendbarometer 14. Juni 2019) heute nicht in der Lage, das Erbe ihres ehemaligen »Wunderkanzlers« Schröder zu liquidieren – selbst wenn sie es wollte.

Nach der »Neuen Verfassung« der DDSR ist das anders. Ganz davon abgesehen, dass es zukünftig für die 17 Millionen Bürger die markanten und verletzenden Unterschiede – SUPERREICH und SUPERARM – nicht mehr geben wird, sind zur Durchsetzung und Sicherung der besonderen Interessen ihrer **Schutzbefohlenen**

- **Kinder**
- **Jugendliche**
- **Alte und Kranke**

- **Menschen mit unterschiedlichen Glaubensrichtungen und**
- **ausländische Mitbürger**

extra **4 REPUBLIKBEAUFTRAGTE** mit Ministerrang vorgesehen, die ihre Interessen wahrnehmen (Glaubensfragen und ausländische Mitbürger zusammengefasst).[24]

Eine ganz wesentliche Verbesserung gegenüber dem Grundgesetz der BRD betrifft die parlamentarische Vertretung der Länder auf Republikebene. Die neue Bezeichnung lautet Länderkammer und nicht wie in der BRD Bundesrat. Die Abgeordneten werden von den Landtagen der Länder (Legislative) entsandt und sind deshalb keine Vertreter der Landesregierungen (Exekutive).

**Trotzdem können in der Länderkammer die Interessen der Länder vertreten werden** – also Gesetzgebung zusammen mit der Volkskammer bei allen Gesetzen, die auch unmittelbar die Länderinteressen berühren. Eine weitere Vermischung von gesetzgebender und ausführender Gewalt wird damit von vornherein unterbunden – ein weiterer sehr weitsichtiger Kontrollgedanke, eingebaut in die DDSR-Verfassung bereits bei ihrer Entstehung 1990/1991.

Eine zusätzliche Verbesserung gegenüber der BRD ist die Einrichtung einer Doppel-Regierung in der »Neuen DDSR«.

Wie bereits gesagt, sind statt einer Regierung wie in der BRD in der DDSR 2 Regierungen entstanden (STAATSRAT und MINISTERRAT) – die einzigen Übernahmen aus dem Regierungssystem der ehemaligen DDR.

Neben dem Vorteil der Trennung der Regierungsgewalt in 2 voneinander unabhängige Einzelregierungen spiegeln die 40 Regierungsräte im Staatsrat und die 50 Regierungsräte im Ministerrat die Zusammensetzung der 500 Abgeordneten der Volkskammer wieder.

Die 90 Räte beider Regierungen sind nach Proporz aus den Abgeordneten der Volkskammer gewählt, also nach dem Verhältnis der Stärkenzusammensetzung der Volkskammerabgeordneten entsprechend ihrer Parteizugehörigkeit.

Selbst die Vertreter jener Parteien, die an der 3 %-Hürde scheiterten, werden Teil der Volkskammer – in der sie zwar **Rederecht**, aber kein allgemeines **Stimmrecht** beanspruchen können.

Es besteht aber Stimmrecht für den speziellen Fall der Wahl der Regierungsmitglieder für den Staatsrat und den Ministerrat. Für diesen Fall können sich die Parteien, die die 3 %-Hürde nicht überspringen konnten, zu einem »Block« zusammenschließen und sich einer in der Volkskammer befindlichen Partei anschließen, die aber diesem Vorhaben zustimmen muss.

**Daraus ergibt sich insgesamt, dass ALLE zur WAHL gegangenen Wähler mit gültiger Stimmabgabe »verhältnismäßig« im STAATSRAT und im MINISTERRAT vertreten sind.**

Die Konsequenz*:*

**Das gesamte Volk ist nach dem Verhältnis der abgegebenen gültigen Stimmen aller Wahlberechtigten in beiden Regierungen vertreten – auch die Opposition!**

So käme es – beispielsweise wie bei den Brexitverhandlungen 2019 in England – gar nicht dazu, dass sich Regierungsblock und Oppositionsblock unversöhnlich gegenübersitzen, nur die Sicherung ihren eigenen Pfründe im Visier.

Nochmals:

In den beiden DDSR-Regierungen ist die Opposition **stets** direkt an der Regierungsarbeit beteiligt. Der starke Widerstreit beider Interessensblöcke – häufig unüberbrückbar getrennt in »SCHWARZ und WEIß«, intim verfeindet wie »Hund und Katze«, gibt es nicht.

An dieser Stelle muss unmissverständlich klar gestellt werden, dass das Mitwirken der Opposition in den beiden Regierungen STAATSRAT und MINISTERRAT absolut nichts zu tun hat mit einer großen Koalition wie in der BRD.

In der Großen Koalition suchen sich die stärksten Parteien einen »Juniorpartner«, häufig aus den kleineren Parteien, um insgesamt über mindestes 51 % der Stimmen im Bundestag zu verfügen. Nach sogenannten Koalitionsverhandlungen – Hin- und Hergeschiebe, einem »Großen Gemauschel« mit häufigem Verbiegen der eigenen Parteiprogramme – ist man dann so weit, einen Bundeskanzler zu wählen.

Für den Wähler ist es dann später gar nicht mehr möglich zu erkennen, von wem er eigentlich regiert wird

**– christlich, sozialdemokratisch, freidemokratisch, grün, links, national –**

die Attribute der einzelnen Parteien reduzieren sich zu einem völlig unkenntlichen Sumpf.

Der Bundeskanzler und seine Minister geistern dann auch noch immer wieder durch den Bundestag.

**Wie soll der Schüler einer Schule das Prinzip der demokratischen Gewaltenteilung verstehen, wenn sich hier Regierung und Gesetzgebung total vermischen?**

Es ist doch geradezu ein Witz, wenn sich ein angehender Bundeskanzler im Bundestag ***selbst*** wählt und bei Bedarf auch ***selbs***t abwählt, indem er sich ***selbst*** das Misstrauen ausspricht![25]

Sinngemäß:

***›Ich, Bundeskanzler Gerhard Schröder halte mich für nicht geeignet, weiterhin Bundeskanzler der BRD zu sein***

***– das zeige ich an***

***– indem ich mir selbst vor dem Hohen Hause des Bundestages das Misstrauen ausspreche!‹*** (1. Juli 2005)

Nach seiner eigens inszenierten Abwahl lässt sich Herr Schröder wieder zum Bundeskanzlerkandidaten seiner SPD kühren, verliert aber gegen Frau Merkel.

Da in der DDSR nunmehr jede kleinste Regierungsentscheidung auch durch die beteiligte Opposition getragen oder kritisiert wird, findet sehr effektive **Kontrolle** innerhalb beider DDSR-Regierungen statt.

Hinzu kommt, dass jeweils 10 Abgeordnete aus den Länderparlamenten in die Republikregierungen entsandt werden, um im STAATSRAT und im MINISTERRAT **zusätzlich** beratend als Regierungsräte die Interessen der Länder wahrzunehmen. In diesem Moment verlieren Sie ihren parlamentarischen Status.

Es findet damit **starker Einfluss und auch Kontrolle** durch die Länder sowohl bei der Gesetzgebung über die Länderkammer wie auch in der Regierungsarbeit durch die neu geschaffenen beratenden Regierungsräte statt.

Auch die

## 3. Gewalt der Demokratie, die Judikative,

ist nach der Verfassung der DDSR völlig unabhängig von den anderen beiden Gewalten.

Alle Berufsrichter der DDSR schlagen aus ihrem Richterstand Kandidaten für die Wahl des Obersten Verfassungsgerichtes der Republik und für die Wahl des Verfassungsgerichtes der 5 Länder vor.

**Gewählt werden dann die Richter beider Verfassungsgerichte durch die wahlberechtigten Bürger des Volkes.**

Die Mitglieder

der VOLKSKAMMER (VK),

der LÄNDERKAMMER (LK),

der LÄNDERPARLAMENTE und

der VERFASSUNGSGERICHTE, aber auch

der VOLKSPRÄSIDENT

werden von den Wahlberechtigten der DDSR jeweils für 8 Jahre gewählt.

Auch für die Mitglieder von STAATSRAT, MINISTERRAT (einschließlich der 20 beratenden Regierungsräte in Staatsrat und Ministerrat) und den 5 Landesregierungen beträgt die Amtszeit 8 Jahre.

Alle anstehenden Wahlen werden nach den demokratischen Prinzipien

**allgemein, unmittelbar, frei, gleich und geheim**

durchgeführt.

Eine 8-jährige Legislaturperiode führt beim Wähler nicht zur Wahlmüdigkeit. Bei Volksvertretern und Richtern bewirkt die lange Amtsdauer Motivation und sichere Altersversorgung. Ausreichende Versorgung schließt dann auch **jedes private Geschäftsengagement** aus – weil auch verboten. Alle Volksvertreter haben genügend Zeit sich umfassend einzuarbeiten – was letztlich dem gesamten Volke zugute kommt.

Einen Ex-Regierungschef wie den Ex-Bundeskanzler Schröder der BRD wird es in der DDSR nicht geben, der seine im Amt gewonnenen Verbindungen nutzt, um nach Beendigung seiner Regierungstätigkeit privat Millionen zu scheffeln.

Auch einen Abgeordneten Peer Steinbrück wird es in der Volkskammer nicht geben, der als Sozialdemokrat zahlreiche bezahlte Vorträge vor den Kapitalistenvertretern von Banken und Großkonzernen hält, aber zu den wichtigen Sitzungen der Volksvertreter seiner sogenannten Volkspartei nicht erscheint – aber trotzdem die Frechheit besitzt, sich 2012 als Kanzlerkandidat für die Wahl zum 18. Deutschen Bundestag aufstellen zu lassen.

**Geplant war von diesem Herrn ein bisher nie dagewesener Durchmarsch vom Hinterbänkler im BRD-Bundestag zum Bundeskanzler.**

Beide zuvor genannten Verfehlungen werden nach der DDSR-Verfassung von verschiedenen Kontrollinstanzen sofort unterbunden."

### 2.6.1.4.4 Welches Potential steckt in der »Neuen DDSR-Verfassung« – welche Möglichkeiten eröffnen sich damit für die Völker der »Menschenerde«?

#### 2.6.1.4.4.1 Beurteilung der »Neuen DDSR-Verfassung« – Resümee und mögliches Zukunftsszenario unter dem Aspekt der Regierungstätigkeit des Staatsrats-Präsidenten und des Ministerrats-Präsidenten bezogen auf Blatt F

**Der Autor**

"Werter » Immo«, ist denn nun der gefundene »Neue Führer« aus Blatt E doch nicht als »ideal« zu bezeichnen?

Welche negativen Merkmale haften denn der Kombination aus HELMUT SCHMIDT, JESUS und BUDDHA noch an, nachdem die »Führerkombinationen« aus den Blättern A, B und D verworfen wurden?"

**»Immo«** ***(Autoren-Ich)***

"Zu dieser Frage möchte ich gerne wie folgt antworten:

Nach all den geschilderten Vorzügen der »Neuen DDSR-Verfassung« ist zu vermuten, dass die Menschen aller Völker insgeheim der gleiche Traum verbindet, den sie unüberhörbar hinausschreien:

**›Wir möchten alle frei – ohne Zwang von oben –leben!!!‹**

Frei leben bedeutet natürlich die Möglichkeit, das eigene Lebensgeschehen und das der Kinder weitestgehend selbst zu bestimmen. Der Großteil der Menschen sieht ein, dass auf Grund der vielen geerbten und angenommenen Bösartigkeiten Gesetze notwendig sind, unter denen dann alle, trotz ihrer Unterschiedlichkeiten, leben können und leben möchten.

**Da sich die Menschen ihrer eigenen Unzulänglichkeiten hinreichend bewusst sind, kann man annehmen, dass der »ideale Führer« nach Blatt E ihnen gar nicht mehr so ideal erscheint wie zuvor angenommen.**

Die vielen guten Regierungsmerkmale der Religionsstifter Jesus und Buddha erscheinen bei näherer Betrachtung gar nicht mehr so überaus geeignet zu sein für **»normale Menschen«** – Menschen mit den vielen bösartigen Eigenschaften, wie zuvor beschrieben.

Sie sind zwar nicht alle Mörder und Verbrecher – müssen aber zugeben, dass in ihnen Allen eine gehörige Portion Schlechtes steckt – aber trotzdem hat jeder einzelne Anspruch auf ein erfülltes Leben.

Selbst die 10 Gebote, die Moses auf dem heiligen Öl-Berg im Sinai empfing (ca. 1000 v. Chr.), helfen wohl wenig, die Spezies Mensch auf einen RECHTEN WEG zu bringen.

**Die 10 Gebote nach Martin Luther**[26]

**1. Gebot:** Ich bin der Herr dein Gott. Du sollst nicht andere Götter haben neben mir.

**2. Gebot:** Du sollst den Namen des Herrn, deines Gottes, nicht missbrauchen.

**3. Gebot:** Du sollst den Feiertag heiligen.

**4. Gebot:** Du sollst deinen Vater und deine Mutter ehren.

**5. Gebot:** Du sollst nicht töten.

**6. Gebot:** Du sollst nicht ehebrechen.

**7. Gebot:** Du sollst nicht stehlen.

**8. Gebot:** Du sollst nicht falsch Zeugnis reden wider deinen Nächsten.

**9. Gebot:** Du sollst nicht begehren deines Nächsten Haus.

**10. Gebot:** Du sollst nicht begehren deines Nächsten Weib, Knecht, Magd, Vieh noch alles, was dein Nächster hat."

**Der Autor**

"Werter »Immo«, falls wir die 10 Gebote nach Martin Luther betrachten, die Du bereits angeführt hast, erhebt sich doch die Frage, ob es nicht möglich ist, die Menschen durch Lehre dieser 10 Gebote in ihren charakterlichen Eigenschaften zu verbessern. Guter Wille vorausgesetzt, müsste es doch zu schaffen sein, die Menschen zumindest zu befähigen, zunächst
**»GUT« und »BÖSE« zu erkennen, auseinander zu halten, voneinander zu trennen und später das »BÖSE« auszumerzen.**

Das könnte dann dadurch geschehen, dass der Mensch nach geeigneten »GUTEN« Lebensmerkmalen sucht, mit denen er das eigene Dasein und das seiner Mitmenschen positiv zu gestalten versucht – im Einklang mit seiner Umwelt."

**»Immo«** ***(Autoren-Ich)***

"Werter Autor, aus der Sicht meines viele Millionen Jahre alten Volkes könnte ich für die 10 Gebote ganz neue Formulierungen treffen, die dann wohl im Jahre 2019 niemand verstehen würde. Sie, als Buchautor des 21ten Jahrhunderts müssen aber bedenken, dass wir »Toraner« in der Lage wären, die Gebote derart zu formulieren, dass sie auf 7,6 Milliarden Menschen tatsächlich zutreffen. Wir haben den Charakter jedes einzelnen Individuums dieser 7,6 Milliarden bis in die kleinsten Gehirnströme analysiert und beurteilt – mit unseren modernen Computern ist das für uns überhaupt kein Problem – die kompletten Charakterdaten jedes einzelnen Menschen liegen uns ja bereits vor.

So mag es dabei bleiben, dass ich nur einige Erläuterungen und Ergänzungen vorbringe. Nichts ist schlimmer, als Weisheiten in die Welt zu setzen, die niemand versteht und damit auch nicht in der Lage ist, sie zugunsten verbessernder Lebensumstände einzusetzen.

Sich direkt auf die vorliegenden 10 Gebote beziehend, kann aber folgendes gesagt werden:

Man kann grob davon ausgehen, dass 2,5 Milliarden Christen und Buddhisten die 10 Gebote kennen oder schon mal davon gehört haben. Da es sich bei den angeführten 10 Geboten um die lutherisch-evangelische Grundlage der Christenlehre handelt, darf angemerkt werden, dass die vorgelegten Glaubensdogmen, zwar etwas abgewandelt, auch in der katholischen Christenlehre wie auch im Buddhismus wiederzufinden sind. Daraus ergibt sich, dass ca. ein Drittel der Erdbevölkerung als »GUT« zu bezeichnen wäre, falls die genannten 2,5 Milliarden Menschen die 10 Gebote befolgen würden."

**Der Autor**

"Leider ist die Wiklichkeit aber völig anders, wie Du, werter »Immo«, bereits gezeigt hast. Es ist sehr bestürzend wahrzunehmen, dass es praktisch keine absolut guten Menschen gibt – jeder einelne der 7,6 Milliarden ist leider auch mehr oder weniger »BÖSE«.

Falls ich, ausgehend von dieser Prämisse die 10 Gebote von Luther als richtungsweisend betrachte, fällt mir als erstes auf, dass schon die Formulierungen nicht in unsere heutige Zeit passen – woraus sich ergibt, dass die Menschen die 10 Gebote nicht verstehen und demnach auch nicht in der Lage sind, danach zu handeln. Diese Anmerkung gilt insbesondere für die Gebote 1 bis 3."

**»Immo« *(Autoren-Ich)***

"Die getroffene Aussage kann ich nur unterstützen, verehrter Autor. Um auf unsere Ausgangsforderung zurückzukommen, einen »idealen Führer« oder ein »ideales« Regierungssystem mit »ideal« agierenden Regierungschefs für die Menschen des 21ten Jahrhunderts zu finden, sollten wir uns zunächst auf das kleine Volk der »Neuen DDSR« beziehen.

Die 17 Millionen hatten 1990/1991 die große Chance, neu zu beginnen. Sie schafften ein ganz neues »**Regierungsgebäude**« für die Menschen – den

**»Demokratischen Sozialismus«.**

## Dabei gingen sie von einer ganz neuen ganzheitlichen, alles übergreifenden Idee aus:

Nach 44 Jahren Knechtung durch den russischen »Bruder« und Kommunistenpeitsche der eigenen Regierenden in der damaligen DDR wollte man 1990/1991 endlich frei sein und auch in Freiheit das eigene Leben selbst gestalten. Sie wählten zwar als Grundlage für ihr neues Leben »Echte Demokratie«, hatten aber geradezu einen revolutionierenden Gedanken:

- **Schaffung eines Sozialsystems, das auch alle als gerecht empfinden konnten**
- **Mitwirkung Aller an allen wirtschaftlichen Entscheidungen**
- **Vereinigung von Kapital und Arbeit – Kapitalisten und Arbeiterschaft an einem Tisch und gemeinsam am gleichen Strang ziehend**

**Hier zeigte sich eine noch niemals dagewesene Weitsichtigkeit eines Volkes:**

Nie zuvor haben Reiche und Superreiche, Kapitalisten im wahrsten Sinne des Wortes, es für nötig befunden, ihren Reichtum mit allen anderen Menschen zu teilen – und noch niemals haben Kapitalisten aller Couleur alle anderen Menschen an ihren Entscheidungen gleichberechtigt beteiligt, deren Wohlstand zu vermehren – ja zu maximieren.

Hier, in der 1990/1991 geschaffenen »Neuen DDSR« ist dieser Gedanke **erstmals** aufgetaucht und auch sogleich umgesetzt worden mit dem

# »ZWEISTROM-SOZIALISMUS«.

Kapitalgeber mit ihrem Geld und die Arbeiterschaft mit ihrem Wissen und ihrer Arbeitskraft bilden gewissermaßen ab dem Jahre 1991 ein für die Menschheit

**absolut neues Wirtschafts-Team**

in allen Firmen, Fabriken, Handelsgesellschaften etc. – also in allen Wirtschaftsunternehmen, vom Handwerker bis zum Weltkonzern. Will man sich eine Vorstellung von der Anzahl der Unternehmen machen, so kann man die Zahl für die BRD (2018) grob mit etwa 3,5 Millionen annehmen. Für die fiktive DDSR gibt es keine Schätzung.

**KAPITAL und ARBEIT** vereinen sich als 2 **gleichberechtigte Energieströme** zu einer **Gesamtenergie**, die am Jahresende, sinnvoll eingesetzt, Mehrwert für alle Beteiligten erbringt – dann wird auch der Gewinn 50 % zu 50 % nach Zahlung aller Abgaben »brüderlich« geteilt.

Entstanden ist eine Partnerschaft zwischen den ehemals **»raffsüchtigen«** Kapitalisten und der immer fordernden **»hungrigen«** Arbeiterschaft.

Eine Jahrtausende bestehende, bisher unüberwindliche Kluft zwischen »ARM« und »REICH« ist ganz plötzlich zerbrochen – genau so zerbrochen wie der unerwartete Bruch der »Berliner Mauer« der DDR 1989.

Es erhebt sich allerdings die Frage, weshalb auch nicht einer der bekannten Philosophen jemals etwas Ähnliches wie den zuvor beschrieben neuen DDSR-Sozialismus gefordert hat.

Immerhin ist die seit Jahrtausenden bestehende **schreiendste Ungerechtigkeit** zwischen den Menschen ganz plötzlich verschwunden, denn bisher war es so:

**Der »Arbeitgeber« gibt die Arbeit oder er nimmt die Arbeit immer dann, wenn es seinem Unternehmen zum Vorteil gereicht.**

**Der »Arbeitnehmer« ist immer der Abhängige, der seine Arbeit und seine Gesundheit an den Arbeitgeber verkauft.**

Anders ausgedrückt:

Der Arbeitgeber gibt dem Arbeitnehmer Arbeit und Einkommen, solange es für den Arbeitgeber nützlich erscheint. Ist der Arbeitnehmer nicht mehr nützlich, wird er entlassen – der Arbeitnehmer ist damit der Hampelmann und der Sklave, der wie eine Marionette hin und hergeschoben wird

**– ein Leben für sich und seine Familie in übergroßer, steter Unsicherheit – sein Leben lang!**

Aufgrund der oben angeführten Ungerechtigkeiten gibt es in der »Neuen DDSR-Verfassung« seit 1990/1991 die Begriffe

**»ARBEITGEBER«** und **»ARBEITNEHMER«**

**nicht mehr – sie gehören der Vergangenheit an!**

Und in diesem Falle muss dem kleinen Volk der DDSR gleich dreierlei bescheinigt werden:

**1.)** Es ist gelungen mit

***»ECHTER DEMOKRATIE«***

und dem

***»ZWEISTROM-SOZIALISMUS«***

für die 17 Millionen der DDSR ein Regierungssystem zu schaffen, das allen Bürgern ein würdevolles Leben in Freiheit und Gerechtigkeit gestattet mit allergrößter Aussicht auf sicheres Einkommen für die Gegenwart und auch die Zukunft.

**2.)** Zu allen Zeiten war es so, dass die

**ökonomischen Interessen der Reichen und Besitzenden**

**unvereinbar konträr den**

**sozialen Interessen des Großteils aller Bevölkerungsschichten**

**geradezu unversöhnlich gegenüberstanden!**

Mit der Großmütigkeit der in der DDSR vorhandenen Kapital- und Grundstückseigner, 1990/1991, ihr Eigentum und ihre Macht am Wirtschaftsgeschehen zu 50 % auf die Arbeiterschaft zu übertragen und diese gleichberechtigt an allen wirtschaftlichen Entscheidungen zu beteiligen, hat das kleine Volk der DDSR ein

Beispiel für die Beseitigung der allergrößten Ungerechtigkeit auf der Erde gegeben

***– die auseinander klaffenden Scherenblätter, wie beispielsweise in der BRD zwischen »ARM« und »REICH« zu schließen! (Abb. 16).***

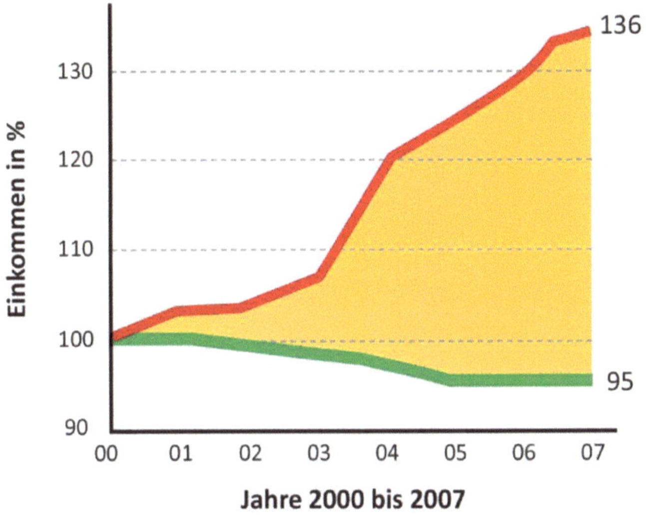


*Abb. 16 Diagramm, Arbeitnehmerentgelt (Farbe: Grün) sowie Unternehmens- und Vermögenseinkommen (Farbe: Rot) in der BRD in den Jahren 2000-2007 - mit Änderungen durch den Autor*

In diesem Zusammenhang hilft es auch wenig, ausführlich die Gründe zu beleuchten, die letzlich die Reichen und Wohlhabenden der »Neuen DDSR« 1990/1991 bewogen haben, sich so, wie beschrieben, zu entscheiden.

Es mag durchaus der Fall sein, dass sie nach dem Zusammenbruch der alten DDR sich als **»reicher Block«** nicht mehr so stark fühlten wie bisher. Es muss auch bedacht werden, dass es ja 1989 nicht sehr viele **»echte Reiche«** gab, da in der DDR fast alles in staatlichem Besitz war.

Es mag auch sein, dass vorhandener Reichtum und zu erwartender Reichtum nicht ausreichten, echten Kapitalismus durchzusetzen.

Es ist auch bekannt, dass die vorhandenen Reichen erkannt hatten, dass sie nicht gegen den Strom schwimmen sollten – immerhin versprach das neue Wirtschaftssystem trotz umwälzender Veränderungen besonders auch für ihre Schicht gesichertes Einkommen und weiteren Einfluss auf alle Wirtschaftsentscheidungen.

In gewisser Weise wird auch Furcht vor der Zukunft eine Rolle gespielt haben – möglicherweise

**die Angst vor der Revolution der Massen,**

nachdem künstliche Intelligenz und Roboter dem Menschen mit der drohenden Übernahme der Arbeit das Einkommen wegnehmen könnten.

**3.) »Echte Demokratie»**

und

**Zweistrom-Sozialismus**

haben einen weiteren sehr wichtigen Aspekt, das Volk aus seiner bisherigen Zerrissenheit herauszuholen – wenn ich, lieber Leser, als »Toraner« rekapitulieren darf:

Was für die Weltbevölkerung der 7,6 Milliarden gilt, trifft natürlich auch auf die DDSR-Bürger zu:

**Die Menschen sind wie alle Menschen egoistisch, rachsüchtig, nachtragend, gierig.**

Die einzige Gemeinsamkeit, die man antrifft, ist:

**Alle sind auch mehr oder weniger »BÖSE«!**

Wir finden auch hier Mörder, Betrüger, Räuber, Tierquäler und viele Ausbeuter, die gerne andere für sich arbeiten lassen würden. Falls wir die Bürger nach Berufsgruppen aufteilen könnten, würde man wohl ganz spezifische Bösartigkeiten als Häufung feststellen. Daraus ergibt sich, dass ganz besondere Unterschiedlichkeiten bestehen – allein auch schon aufgrund der Einteilung in Kinder, Jugendliche, Erwachsene, Alte.

All diese Gruppen möchten eine Regierung, die sie, falls möglich, sogar beteiligt.

17 Millionen können wir einordnen auf der Skala »**GUT – BÖSE**« von

**1 bis 1.000.000.**

**Es gilt also für die 17 Millionen »BÖSEN« eine Regierung zu finden, unter der der überwiegende**

**Teil von ihnen troz all ihrer Unterschiede und Unzulänglichkeiten leben möchte.**

Nun kommt erschwerend hinzu, dass auch alle Bürger, die sich zur Regierungsarbeit und zu den Parlamenten hingezogen fühlen – ja sogar bis hin zum Volkspräsidenten und der Richterschaft auch mehr oder weniger »BÖSE« sind!

Wie soll ein solches Leben funktionieren, in dessen Verlauf böse Bürger böse Mitmenschen in höchste Ämter wählen?

Wie soll ein solches Leben funktionieren, in dessen Verlauf böse Regierungsbeamte den Bürgern Weisungen erteilen und böse Beamte aufgrund von Gesetzen für alle Bürger tätig sein sollen, und zwar unter dem Attribut **»gerecht«**?

**Daraus ergibt sich die Forderung:**

**›Gerechte Verteilung**

**des gesamten erwirtschafteten**

**jährlichen Volkseinkommens auf alle Bürger der Republik**

und

**absolute mit dem Kapital gleichwertige**

**Entscheidungsbefugnis der arbeitenden Bevölkerung**

**in allen wirtschaftlichen Fragen‹**

lautet die Botschaft des kleinen Volkes der »Neuen DDSR« – gewissermaßen ein

**Geheimcode**

nach dem die Menscheit seit Urzeiten sucht.

**Bei der Jagd nach Reichtum verlieren dann Kriege, Morde, Gewalt und Sklaventum ihre Bedeutung.**

Die Kapitalisten haben keine Angst mehr vor der Revolution – bei der ihnen mit Sicherheit die Köpfe abgeschnitten werden.

Die Arbeiterschaft hat keine Angst vor den Robotern und der künstlichen Intelligenz. Sie kann ihre Zukunft selbst an allen Stellen wirtschaftlicher Macht zum Vorteil der Beschäftigten steuern und alle Vorgänge beeinflussen, weil sie erstmals in allen Wirtschaftsfragen über

**tatsächliche Entscheidungsgewalt**

verfügt.

Kapitalisten und Arbeiterschaft finden langfristig Sicherheit für sich und ihre Familien –

**Kapital haben und Arbeiter sein**

schließt sich nicht mehr notwendigerweise voneinander aus.

**Kapitalist und Arbeiter mit gleichen Rechten und gleicher wirtschaftlicher Entscheidungsgewalt an einem Tisch**

– wer hat vorher so etwas für möglich gehalten?

***Der größte Zankapfel der Weltgeschichte ist weg!***

**Wirtschaftsinteressen weniger Reicher**

und

**Superreicher**

sowie geballte

**Sozialinteressen** von **Millionen**

schließen Frieden und **ziehen nunmehr an einem Strang!**

***»ZWEISTROM-SOZIALISMUS«***

ist das Zauberwort!

**Das die ehemaligen Klassen Verbindende lautet:**

Kapital und Arbeiterschaft dürfen ihre egoistischen Anlagen und Neigungen weiter nutzen, um ihre Unternehmungen in die Gewinnzone zu führen. Andere Länder schlafen nicht, so dass die DDSR in allen Wirtschaftsfragen gut aufgestellt sein sollte unter dem Motto:

**›Weltweit in Idee und Qualität immer einen Schritt voraus«!‹"**

**Der Autor**

"Vielen Dank, lieber »Immo«, für die ausführlichen Beschreibungen, Analysen und Beurteilungen unserer 1990/1991 geschaffenen »Neuen DDSR-Verfassung« aus der Sicht Deines so klugen Volkes, gestützt auf Millionen von Jahren vollzogenen Fortschritts.

Auch ich, der Autor, bin mir nunmehr sicher, dass die Gründungsväter und das Volk etwas sehr Umfassendes geschaffen haben, das für die 17 Millionen unterschiedlichen Einzelindividuen die große Chance ermöglicht, in Gegenwart und Zukunft ein glückliches Leben zu führen – unter dem beschützenden Schirm des

**»DEMOKRATISCHEN SOZIALISMUS«.**

Das bedeutet:

**»ECHTE DEMOKRATIE«**

als Grundlage für den neu geschaffenen

**»ZWEISTROM-SOZIALISMUS«.**

Die Bürger haben nunmehr die Möglichkeit, bei allen demokratischen und wirtschaftlichen Entscheidungen an zentraler Stelle mitzuwirken – Entscheidungsgewalt auszuüben mit der Konsequenz:

**jeder von ihnen hat die Möglichkeit, sich selbst zu verwirklichen**

**ohne den Charakter des Anderen zu verbiegen**

**– das ist Grundlage für ein glückliches Volk!**

**17 Millionen Individualisten**

**– mehr oder weniger »BÖSE« –**

**Arbeiter, Bauern, Lehrer, Facharbeiter und Ingenieure schließen Frieden mit den Kapitalisten ...**

**...DAS IST FREIHEIT!**

Die Bürger der »Neuen DDSR« schrecken die selbsternannten Führer und Länder nicht mehr, die Karl Marx falsch verstanden haben – Stalin, Mao tse Tung sowie die Länder Kuba, Vietnam, Kolumbien und allen voran ihr ehemaliges Heimatland DDR mit den glorreichen Superkommunisten Piek, Ulbricht, Grotewohl, Stoph und Honnecker.

Die 17 Millionen Einzelindividualisten, mehr oder weniger »BÖSE«, finden sich wieder

**unter dem »Dach« eines ganz neu verstandenen Sozialismus.**

Sie blicken trotz all ihrer **Unterschiede** und **Einzelinteressen** hoch in die Kuppel eines »Neuen Volksgebäudes«, das sie aber gemeinsam erbaut haben und das es nun gilt, auch gemeinsam zu beschützen, indem sie es mit Leben füllen.

Trotz aller rosigen Erwartungen hinsichtlich eines Lebens in Freiheit mit einem gesicherten Einkommen steht aber der soziale Gedanke an alleroberster Stelle.

Die 17 Millionen sind nicht nur unterschiedlich **stark »gut« oder »böse«**, sie sind auch unterschiedlich leistungsfähig und unterschiedlich kreativ. Das bedeutet auch, dass viele von ihnen besonders klug und andere wiederum lernschwach sind.

Der »kluge« Strang zeigt sich ja bereits im Kindergarten und den Schulen und setzt sich auf Universitäten, Hochschulen und im Berufsleben fort. Es ist auch nichts Neues, wenn ich der Tochter eines Dirigenten, der Tochter eines Filmschauspielers und der Tochter eines ungelernten Straßenarbeiters voraussage, welche Berufschancen sie haben:

Erstere könnte auch Dirigentin werden,

die zweite könnte beim Film oder Theater landen,

und die dritte wird wohl nie eine höhere Schule besuchen.

## Um solchen Ungerechtigkeiten entgegenzuwirken ist folgendes zu beachten:

Das allergrößte Augenmerk gilt denen, die von vornherein auf der Verliererstaße stehen – krank, bedürftig, alt oder auch nicht sonderlich klug.

**Deshalb sind wir besonders stolz auf unsere sozialen Errungenschaften wie beispielsweise:**

Freier Zugang zu Kindergärten, Schulen, Hochschulen und Universitäten

- Krankenbehandlung ist im wesentlichen frei – Besserverdienende werden zu kleinen Zuzahlungen herangezogen
- jedes Kind im Kindergarten oder der Schule erhält täglich unentgeldlich ein Essen
- jeder arbeitsfähige Bürger erhält eine Arbeitsstelle

  **– Recht auf Arbeit, festgeschrieben in der Verfassung**
- jeder Jugendliche erhält einen Ausbildungsplatz, falls möglich im gewünschten Beruf

  **– Recht auf Ausbildungsplatz, festgeschrieben in der Verfassung**
- Soldaten: Es gibt nur eine kleine Verteidigungsarmee

- besondere Förderung lernschwacher und kranker Kinder und besondere Förderung intelligenter und hochintelligenter Kinder und Jugendlicher ist garantiert
- besondere Förderung und Fortbildung Erwachsener
- freie Glaubenslehre
- Anwerbung von Krankenschwestern und Altenpflegerinnen – auch aus dem Fernen Osten

**Es gilt in unserer Republik das Motto:**

- der Starke hilft dem Schwachen
- der Gesunde hilft dem Kranken
- der Kluge hilft dem Lernschwachen
- der Wohlhabende hilft dem Nichtwohlhabenden
- die Republik zahlt jährlich einen Betrag an hungernde Kinder im Ausland
- Ausländer können Visa und Arbeitsvisa beantragen und bei Bedarf auf Zeit bei uns arbeiten
- alles Land, alle Meere, alle Seen gehören als Eigentum allen Einwohnern der Republick, dabei Verwaltung durch den Staat
- jedem Bürger darf Land zum Bauen oder Bewirtschaften auf Zeit zugeteilt werden, er wird Besitzer nicht Eigentümer

– und trotz aller rosigen wirtschaftlichen Zukunftsszenarien bleiben die

**sozialen Errungenschaften**

ein stets zu schützendes Gut für alle 17 Millionen des kleinen

DDSR-Volkes.

**Denn gerade, weil sich jeder einzelne von ihnen seiner eigenen Defizite und Bösartigkeiten bewusst ist, haben sie erkannt, dass sie trotz aller Solidaritätsbekundungen sich auch vor**

**sich selbst schützen müssen:**

Das Geheimnis ihres eigenen Schutzes ist
eine funktionierende Parteienlandschaft mit dem
engagierten Ringen um die Wahrheit genauso
wie der stete Kampf um Mehrheiten
und die in der Verfassung festgeschriebene
garantierte

Kontrolle

– parlamentarisch und außerparlamentarisch –

Kontrolle durch garantierte Kritik
von jedem an jedem!

Junge Frauen, die mit ihren Kleinkindern im türkischen Knast verschwinden, weil sie Kritik an Präsident Erdogan übten – solch ein Vorgang ist in unserer »Neuen Republik« völlig undenkbar!

Allerdings zeigt sich Präsident Erdogan auf der anderen Seite auch wieder erstaunlich menschlich,

**denn:**

der Ehemann darf das Kleinkind zum Wochenende auf Urlaub aus dem Knast holen, muss es aber Sonntag Abend wieder in staatliche Hände geben, wo die Mutter mit über 20 weiteren Sträflingsfrauen sehnsüchtig, eingepfercht wie Tiere in nur einem Zimmer, auf ihren Liebling wartet."[27]

# 3.0 Menschen und »Toraner« – das Geheimnis um zwei Völker

**»Immo« (*Autoren-Ich*)**

"Im folgenden Kapitel möchte ich auf die besonderen Beziehungen und Abhängigkeiten von uns »Toranern« zu den Menschen eingehen. Dabei werde ich unser größtes Geheimnis preisgeben. Sie werden dabei auch erkennen, wie eng die Geschichte der »Toraner« verwoben ist mit der Geschichte der Menschheit:

Erstmals 2011 habe ich Ihnen im Roman **»Prinzessin der Herzen – ein Drama im Spiegel der Galaxien«** und dann ein weiteres Mal im Roman **»Adolf Hitler DAS BÖSE – und die Rache des Ziegenbocks von Leonding«** und zuletzt in **»Wir sind das Volk – Bruch der Schere zwischen Arm und Reich«** gezeigt, wie wir »Toraner« aussehen. Eine Strichzeichnung von meiner Mutter und mir füge ich zu Ihrer Information nochmals an. Sie soll das Vergleichen von zwei nebeneinander gestellten Bildern erleichtern.

*Abb. 17 »Immo«, ein Junge auf dem Planeten »Tora« mit seiner Mutter. (2.500.000 Lichtjahre entfernt von der »Menschenerde«),*

*Abb. 18 »Ata«, der nur bleistiftgroße Skelettkörper aus der Atacama-Wüste/ Chile, gefunden 2003 (rechts)*

*(»Atas Mutter« hinzugefügt vom Autor, links)*

Für Sie, meine verehrten Leser, ist der glückliche Umstand eingetreten, dass Ihre Wissenschaftler 2003 »Den Kleinen aus der Atacamawüste« in Chile gefunden haben (obige Abb. 18), jenen kleinen, nur 13 Zentimeter großen Skelett-Körper, der den Menschen so viel Kopfzerbrechen macht.

Falls Sie genau hinsehen und die beiden Bilder vergleichen, werden Sie, verehrter Leser, bei der Betrachtung große Übereinstimmung feststellen. Und richtig, so viel darf ich schon heute verraten:

»Der Kleine« mit dem nur bleistiftgroßen »Körper« gehört mit allergrößter Wahrscheinlichkeit zu einem kleinwüchsigen Bergvolk, das vor mehreren Millionen Jahren auf der »Menschenerde« lebte. Mehr darf ich zu diesem Zeitpunkt noch nicht verraten, so lautet die Anweisung meiner Regierung auf »Tora«.

So wissen auch wir zu diesem Zeitpunkt nicht genau, wie »Der Kleine« aus den Bergen in die Atacamawüste kam. Erst eine Fernanalyse von »Tora« aus, wird Klarheit schaffen, wie »Der Kleine« mit Hilfe von riesigen Erdverwerfungen, hervorgerufen durch mehrere Eiszeiten, seine ungewöhnliche Wüstenruhestätte fern seiner Heimat fand. Auch seine genaue Herkunft und sein Alter können dann nachgewiesen werden.

Immerhin haben Ihre Wissenschaftler auf der »Menschenerde« bereits vorgearbeitet und festgestellt, dass »Der Kleine« über menschliche, aber auch über »außerirdische« DNA verfügt. Ich werde Ihnen später nachweisen, dass diese beiden an sich unterschiedlichen Merkmale in sich selbst keinen Widerspruch darstellen, sondern durchaus ein Bindeglied zwischen den Menschen und uns »Toranern« sein können.

Nun zu den besonderen Wesensmerkmalen von uns »Toranern« und der Bezug zu den Menschen:

Mein Vater, ein General von »Tora«, wird mich bei meinen Erklärungen unterstützen, da ich mit meinen Studien noch nicht so weit bin, alle nötigen Informationen allein zu geben.

›Ja, mein Sohn‹, – beginnt mein Vater, indem er auf die besonderen Unterschiede zwischen uns »Toranern« und den Menschen eingeht –›wir auf »Tora« können nicht fühlen wie die Menschen –

**Glück, Trauer, Freude** sind Empfindungen, die uns bereits vor vielen Millionen von Jahren verloren gegangen sind. Das liegt ganz einfach daran, dass in unserem Körper alle Funktionen durch Chips gesteuert werden, die in unserem Kopf sitzen.Wir sind nicht einmal in der Lage, zu weinen. In strengem Sinne sind wir deshalb nur noch **»Maschinen«**, obwohl wir den Menschen in vielen Dingen ähnlich sind.

Auch werden während unseres Lebens, das durchaus 70.000, gar 80.000 Jahre währt, alle Organe und Glieder mehrfach gegen neue ausgewechselt – und wenn bei uns der »Schalter« auf Tod gelegt wird, dann sind wir wirklich tot – augenblicklich!

Schade, auch wir »Toraner« würden allzugerne Gefühle haben wie die Menschen und die »Keraner«. Unser Dasein wäre um vieles liebenswerter. Doch das sind nur Träume, fromme Wünsche. Leider können wir die Fähigkeit zum Fühlen niemals wieder zurückerlangen – trotz unserer übergroßen Intelligenz. Darin sind uns die primitiven Wesen auf Erde I und Erde II haushoch überlegen.

Auch wir »Toraner« waren einmal vor langer, langer Zeit zu schönen Empfindungen fähig wie

- glücklich sein
- fröhlich sein
- traurig sein

und auch dazu, uns über etwas zu freuen.

Alles begann vor über 65 Millionen Jahren auf der »Menschenerde« als die Dinosaurier starben. Ein Komet aus dem Weltall vernichtete damals das Leben aller großen Tiere und auch der Pflanzen. Stürme, Feuersbrünste, Ascheregen und Überflutungen rasten über den Erdball und eliminierten fast alles Leben auf Erde I. Doch wie es manchmal im Kleinen ist, so verhält es sich auch im Großen

**– aus der Asche der verbrannten Erde entsteht wieder neues Leben!**

Und nun staune mein Sohn‹, fährt mein Vater fort,

›was damals zunächst zaghaft und schwach wie kleine Pflänzchen aus dem zerstörten Erdreich hervorkam, siehst Du heute hier auf unserem Planeten »Tora«:

Unser intelligentes Volk, das in dem verwüsteten Erdplaneten (Erde I) seinen Ursprung hat!

Ja, das ist eigentlich eines unserer größten Geheimnisse:

**Wir »Toraner« stammen von der »Menschenerde«!**

Wir entwickelten uns schnell – und auch die Tiere und die Pflanzenwelt.

Ja, mein Sohn, wir »Toraner« sind die Vorfahren der Menschen, was diese natürlich nicht wissen, nicht im Entferntesten ahnen. Selbst wenn sie es in diesem Buch lesen, werden sie es nicht glauben, obwohl sie sich schon seit Menschengedenken mit dem Gedanken ihrer Herkunft herumschlagen – weil sie wissen, dass mit ihrer Herkunft irgend etwas noch im Dunklen liegt!

Die einen meinen, der Mensch stamme vom Affen ab.

Die anderen vertreten die Ansicht, Menschwerdung erschließt sich aus einer ganz anderen Abstammungslinie – entwickelt aus Mikroben zu kleinen Lebewesen und dann über das Erlernen des aufrechten Ganges bis hin zum »Homo sapiens« – dem Menschen.

Eine dritte Theorie der Menschwerdung vertritt die Auffassung, dass alles einem Gott, einem Schöpfer zuzuschreiben sei. So liest man in dem großen Buch, das sie Bibel nennen:

*Gott schickte Adam und Eva, damit sie sich vermehren mögen!*

Wissenschaft ist bei dieser Gruppe nicht so sehr gefragt. Stattdessen setzt hier der Glaube ein. Das geschieht immer dann, mein Sohn, wenn die Menschen keine rechten Erklärungen haben, wie z.B.

**für ihre Herkunft, das Leben, den Tod und das Leben nach dem Tod.**

Man könnte allen drei theoretischen Richtungen attestieren, dass ihre Verfechter in der Menschwerdungsfrage gar nicht so ganz falsch liegen. An jeder dieser drei Denkrichtungen ist etwas Wahres dran. Man befindet sich schon irgendwie auf dem richtigen Weg – das Ziel zwar erahnend, aber wegen letzter fehlender Bestätigung doch nur schemenhaft im Nebulösen liegend.

Es ist schon erstaunlich, mit welcher Energie und Intensität der Mensch hinsichtlich seiner Herkunft nach brauchbaren Erklärungen sucht, geradezu verbissen ist, Antworten auf diese brennenden Fragen zu finden.

So wirst Du nun wiederum staunen, mein Sohn, wenn ich Dir ein paar Dinge erkläre, die Du im Rahmen Deines Studiums noch nicht bearbeitet hast:

Wir »Toraner« entwickelten uns nach der furchtbaren Katastrophe auf der »Menschenerde« vor nunmehr 65 Millionen Jahren in einem rasanten Tempo.

Man kann unsere Wissens- und Entwicklungssprünge durchaus mit denen der Menschen und »Keraner« vergleichen. Nur sind diese Spezies mit ihren gerade mal 200.000 Jahren Entwicklungsgeschichte noch sehr jung, so dass ihre Intelligenz noch nicht die unsrige erreicht hat.

So waren wir auch bald fähig, ferne Sterne, Planeten und andere Sonnensysteme zu besuchen. Während unserer Evolutionsgeschichte gelang es uns, im Weltall alsbald Reisegeschwindigkeiten zu erreichen, die dem Vielfachen der Lichtgeschwindigkeit[28] entsprachen. Für uns gab es bald keine Probleme, mit mehr als **einer Milliarde Kilometern pro Sekunde** zu reisen.

Dazu ein kleiner Vergleich zur Veranschaulichung bezüglich dieser enorm hohen Reisegeschwindigkeit: So haben wir neben Meter und Kilometer als neues Längenmaß den Erdumfang von Erde I[29] eingeführt.

Damit ist eine Hilfsgröße entstanden, dass selbst menschlicher Verstand eine kleine Vorstellung von den riesigen Entfernungen im All bekommt:

Danach würde ein Raumschiff bei Lichtgeschwindigkeit 7,5mal in einer Sekunde um den Erdäquator I fliegen.

Bei einer Reisegeschwindigkeit von einer Milliarde Kilometern in einer Sekunde betrüge dann die Zahl der Äquatorumrundungen pro Sekunde bereits 25.000 – das geschähe dann bei 3375facher Lichtgeschwindigkeit.

Bei dieser Reisegeschwindigkeit erreichten wir unsere neue Heimat auf »Tora« in der Andromeda-Galaxie in etwa 600 Menschenjahren – einer damals durchaus angemessenen Reisedauer. Da unsere Lebenserwartung auch auf viele Tausend Jahre gestiegen war, gab es für uns in dieser Frage keine Probleme.

Auch die Reisedistanz nach »Tora« war schon wegen der fast unendlichen Entfernung von über 2 Millionen Lichtjahren natürlich nicht mit normal betankten Flugobjekten zu erreichen – sei es Dieselöl, Kerosin oder Kernspaltung.

So haben unsere Raumschiffe heute nur die Brennstoffmenge an Bord, die nötig ist, um etwa 600 Jahre lang während des Fluges die Besatzung und alle technischen Systeme im Inneren zu versorgen.

Am äußeren Schiff befindet sich nichts – nur glatte Oberfläche.

Dabei kam uns ein gewaltiger Sprung in unserer Evolutionsgeschichte zu Hilfe, ohne den unbeschwertes schnelles Reisen im Weltall nicht möglich wäre.

Es gelang uns, die größte im All bekannte Energie zu zähmen und für die Raumfahrt nutzbar zu machen:

»SCHWARZE LÖCHER«!

»Schwarze Löcher« können verwendet werden, um ganze Sterne und Planeten zu zerstören oder neu entstehen zu lassen. So könnte auch keine andere Macht im All es mit uns aufnehmen, falls es zu einer kriegerischen Auseinandersetzung käme. Diese Gefahr eines intergalaktischen Krieges ist damit für alle Zeiten gebannt. Kriege gibt es nur noch bei den unterentwickelten Spezies, den Menschen, den »Keranern« und den »Kersteken« auf ihren Erden I, II und III.

Wollen wir z.B. von »Tora« zur »Menschenerde« reisen, so bereiten wir für die gesamte Distanz von 2,5 Millionen Lichtjahren einen Raumtunnel vor. Dieser Flugkanal ist dann auch von allen Asteroiden und weiteren herumfliegenden Objekten gereinigt, so dass der eigentliche Reiseweg absolut frei ist von unerwünschten Hindernissen.

Unser Raumschiff hat die ideale Flugform – nämlich die der Kugel:

widerstandsfähig,

stabil und ausgestattet mit

größtmöglichem Rauminhalt bei kleinster Hülle!

**Die Energie des »Schwarzen Loches« setzt nun so an, dass das »Kugelschiff« durch den Tunnel gezogen, aber auch gleichzeitig von hinten geschoben wird.**

Auf die gewaltigen Kräfte, denen unsere Körper als Besatzung des Raumschiffes bei der Beschleunigung und auch beim Abbremsen ausgesetzt sind, soll an dieser Stelle nicht bis ins Kleinste eingegangen werden – das Problem haben wir aber bereits vor langer langer Zeit gelöst. Es kann aber so viel gesagt werden, dass die feste Materie unser Körper in einen gasförmigen Zustand überführt und bei Bedarf wieder in den festen Zustand zurückverwandelt wird. So ist gewährleistet, dass unsere Körper

Beschleunigung und Verzögerung bei Start und Landung völlig unbeschadet überstehen.

Die Menschen und auch die »Keraner« wundern sich, weil sie bei allen Überlegungen zur Praxis des Weltraumreisens nicht wesentlich weiterkommen. Ihre heutigen Geschwindigkeiten zum Mond, zum Jupiter und zum Mars von 20.000 bis 30.000 Kilometern pro Stunde (5,6 bzw. 8,3 Kilometer pro Sekunde) sind natürlich völlig ungeeignet zum Überbrücken intergalaktischer Entfernungen!

Die Menschen und die »Keraner« wundern sich darüber, dass sie auch theoretisch bei allen Überlegungen betreffend des Weltraumreisens nicht vorankommen. Das liegt ganz einfach daran, dass bezogen auf die »Unendlichkeit des Weltalls« die kleinen menschlichen und »keranischen« Gehirne nicht geeignet sind, auch nur ansatzweise tragbare Lösungen verständlich zu erarbeiten.

Es bedurfte auch bei uns »Toranern« ganz neuer Denkansätze sowie Entwicklung neuer Sprachen und Rechenoperationen – zu leisten nur von Maschinen.

Selbst wenn der geniale Physiker Albert Einstein von der »Menschenerde« weitere 10.000 »Einsteins« zur Unterstützung hätte, sein Raumschiff würde bei den heute möglichen Geschwindigkeiten nicht einmal den ersten Stern in seinem eigenen Sonnensystem erreichen (5 Lichtjahre ≈ 50 Billionen Kilometer): Der intergalaktische Traum der Menschheit würde also für diese zur Zeit niemals wahr werden!

So hat eine Fernsehsendung mit Namen »Star Trek« bereits erkannt, dass man schon mit 1 Milliarde Kilometern pro Sekunde reisen muss, um andere Welten zu erreichen. Die Ingenieure von »Star Trek« unterteilen ihre Geschwindigkeiten beispielsweise von »Warp 1« bis »Warp 15«.

Diese »Warp-Stufen« werden in die 3. Potenz erhoben und dann mit der Lichtgeschwindigkeit multipliziert.

Das bedeutet beispielsweise für »Warp 2«:

$2^3$ mal 300.000 Kilometer pro Sekunde

= 8 mal 300.000 Kilometer pro Sekunde

= 2.400.000 Kilometer pro Sekunde.

Das bedeutet für »Warp 15«:

$15^3$ mal 300.000 Kilometer pro Sekunde

= 3375 mal 300.000 Kilometer pro Sekunde

≈ 1.000.000.000 (1 Milliarde) Kilometer pro Sekunde.

In Worten: **Bei »Warp 15« reist man im Weltraum mit einer Geschwindigkeit von 1 Milliarde Kilometern pro Sekunde.**

In besagten Filmen fliegen die Menschen auch schön schnell und weit, wobei ihre Antriebsenergie im Inneren des Raumschiffes in Form von Treibstoff gebunkert ist.

Doch es bleibt die Frage: Wie weit gedenken sie tatsächlich zu kommen, wenn sie ihre Traumfabrik »Film« verlassen?

Falls ihr Raumschiff gar so groß wäre wie das der »Toraner« – selbst bei **Kugelform mit 10 Kilometern Durchmesser** und 523 Kubikkilometern Rauminhalt für Treibstoffbunker – wäre die Reise wegen der geradezu unendlichen Wegstrecken schnell zu Ende!

Man bedenke, dass allein die Flugdistanz von der »Menschenerde« nach »Tora« in der Andromeda-Galaxie einer Größe entspricht von etwa 10 Billionen Kilometern[30] multipliziert mit 2 Millionen Jahren Flugdauer.

Das ergibt, ausgedrückt in Zahlen:

10.000.000.000.000 mal 2.000.000
= 20.000.000.000.000.000.000 Kilometer
= 20 Trillionen Kilometer.

Weil auch der Wissenschaft auf der »Menschenerde« dieses Problem bekannt ist und man weiß, dass die möglichen Treibstoffmengen im Raumschiff geradezu winzig klein sind im Vergleich zu den gewünschten riesigen Distanzen in der »Unendlichkeit des Alls«, haben sich manche eine Eselsbrücke gebaut.

Man fliegt nicht mehr 2.000.000 Lichtjahre von A nach B, nein, man klappt den gesamten Weltraum einfach zusammen wie ein Blatt Papier – im Extremfall Blatthälfte an Blatthälfte und fährt nur noch durch die Blätter hindurch (Abb. 19, unten).

Der Satiriker würde sagen: *Einfach genial gelöst!*.

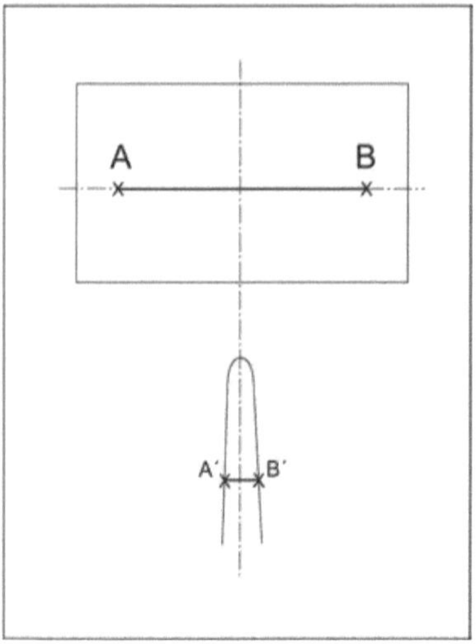


*Abb. 19 Schema, der »Weltraum« zusammengefaltet wie ein Blatt Papier: Der Weg von A nach B wird deutlich verkleinert auf die Entfernung A' nach B'*

Kürzlich gab es eine Fernsehsendung[31] auf der »Menschenerde«, wo es sich zeigte, dass man der Lösung des Geheimnisses der menschlichen Herkunft schon sehr nahe gekommen ist.

Die Wissenschaftler hatten erkannt, dass im Rahmen ihrer genetischen Betrachtungen alle Menschen auf Erde I von den gleichen Vorfahren abstammten. Sogar der verstorbene Präsident Mobutu des Kongo hatte sich diese neuen Erkenntnisse zu seinen Lebzeiten zu eigen gemacht, denn er verkündete, bezogen auf alle Menschen dieses Planeten, wörtlich:

›Wir sind alle eine große Familie, weil wir die gleichen Vorfahren haben!‹

Danach gibt es in strengerem Sinne keine Chinesen, Japaner, Europäer, Mongolen, Araber, Indianer oder Afrikaner – die Gene beweisen es:

## Wir haben alle den gleichen »Urvater«!

Die Gene, das Erbgut aller Völker, ist in seinem Ursprung gleich, egal, ob sie nun gelb, schwarz, weiß oder gar rot sind.

Vor etwa 70.000 Jahren gab es danach in Afrika eine kleine Gruppe von nur ca. 10.000 schwarzen Menschen.[32] Die Spezies wanderte dann in Teilen nach Asien, Australien, Europa und über Alaska nach Amerika. Die ursprünglich schwarzhäutigen Menschen passten sich relativ schnell dem Klima ihrer neuen Lebensräume an und entwickelten im Rahmen ihrer evolutionären Angleichung an die neuen Umwelten auch unterschiedliche Hautfarben wie weiß, gelb, braun oder rot.

Die Kernaussage dieser Erkenntnisse:

## Die Wiege der Menschheit liegt in Afrika.

Nun, mein Sohn, könnte man sagen: Falls die Menschen es fertigbringen, über ihren »eigenen Schatten« zu springen, dann ist es bis zur Wahrheit nur noch ein kleiner Schritt. Sie ergänzen die Aussage ihrer Bibel:

***›Gott sandte Adam und Eva als erste Menschen auf die Erde‹***, sagt die Bibel und wir »Toraner« fügen hinzu
***›und er schickte sie nach Afrika und ihre Hautfarbe war schwarz!‹***

Dann hat natürlich auch der erwähnte Präsident Mobutu recht, wenn er sagt:

*Die Wiege der Menschheit liegt in Afrika – mit dem gleichen Vater und der gleichen Mutter als Vorfahren.*

Das bedeutet, dass sie alle auf Erden keine Einzelvölker, sondern tatsächlich eine große Familie sind, die in den Anfängen die gleiche genetische Ausstattung hatte! Und in der Tat, mein Sohn, in dieser Frage haben die Menschen das Rätsel um ihre Herkunft beinahe gelöst – beinahe muss ich hinzufügen, denn das Wesentliche fehlt noch!

Damit Du, mein Sohn, auch in Deinen Geschichtsstudien weiter kommst, muss ich Dir noch einige Informationen geben:

Als wir »Toraner« nach mehreren Millionen Jahren auf der »Menschenerde« damals die Intelligenzstufe erreicht hatten, den Weltraum zu beherrschen, wurde es höchste Zeit, diese, unsere Fähigkeiten auch zu nutzen, **denn:**

- die Erde hatten wir heruntergewirtschaftet, vergleichbar dem, was den Menschen wohl auch bald gelingt, wenn sie so weiter machen wie bisher
- Atombrennstäbe und allen weiteren anfallenden Müll einer Technikgesellschaft hatten wir unter uns im Erdinneren, in den Weltmeeren und über uns in der Atmosphäre gelagert
- die »Kleine Kugel« war regelrecht ausgesogen, ja geradezu »ausgelutscht«, denn alles Nutzbare, wie heiße Dämpfe, Lava und alle Bodenschätze hatten wir entnommen
- als Ausgleich zur Aufrechterhaltung der Gleichgewichte wurden anfallende Gifte wie z.B. Kohlenmonoxid,

Kohlendioxid, Schwefeldämpfe u.a. ins Erdinnere gepumpt

Da wir ohne Planung alles, was man als Industrienationen brauchte an günstigen Stellen herausnahmen, aber an anderen Stellen planlos unsere Abfallgifte wieder der Erde übergaben, hatte das zur Folge:

**Der kleine Erdball mit seinen gerade mal 12.000 Kilometern Durchmesser wurde instabil!**

Die »Kugel« sah aus wie ein alter Fußball, dem die Luft ausgegangen war – ein Fußball, der so hässlich und unbrauchbar war, dass es auch nicht ein einziges Kind gab, dass damit hätte spielen wollen!

Riesige Erdspalten unter den Ozeanen – Tsunamis – Treibhauseffekt mit Schmelzen der Pole – Anstieg der Ozeane mit der Folge des Untergangs ganzer Länder und Kontinente – Kriege mit konventionellen und Atomwaffen – waren das Ergebnis.

Kleine Länder warfen Nuklearbomben auf kleine Nachbarländer mit der Folge, dass die radioaktiven Wolken auch große Länder trafen[33] – tägliche Horrormeldungen von Überschwemmungen, die sich abwechselten mit Dürreperioden – Wälder gab es nur noch in Kulturfilmen zu sehen – Revolutionen »weltweit«, auch die Jugend rebellierte – die Bevölkerung wuchs ungebremst – der Kampf um Arbeit, Wasser, Brot und Geld eskalierte – keiner wartete mehr, Geduld war ein Fremdwort – die »Nichtbesitzenden« nahmen sich von den »Besitzenden«, was sie brauchten, und das ging in der Regel nur, wenn auch der Hals abgeschnitten wurde – der Verteilungskampf unter den einzelnen Volksschichten war geradezu mörderisch, auch das Tier tötet das Tier, falls die eigenen Jungen verhungern – hinzu kamen ganz neue, bisher unbekannte Krankheiten – Seuchen entstanden urplötzlich wie aus dem Nichts und rafften von uns nicht nur Millionen dahin, sondern Milliarden!

**Wir hatten es geschafft:<br>Die »Kleine Kugel« war außer »Rand und Band«!**

Doch dann geschah etwas ganz Unerwartetes.

Der allerletzte verbleibende Teil unseres Volkes schloss sich zusammen, bündelte alle Energie und alles Wissen mit nur einem Ziel:

**Auswandern nach »Tora« in die Andromeda-Galaxie!**

Das war auch für uns die einzige letzte verbleibende Chance, denn gleich mehrere Eiszeiten kündigten sich mit rasanter Geschwindigkeit an.

So kam es, mein Sohn, dazu, dass die letzten von den ursprünglich **25 Milliarden** Erdbewohnern vor sich selbst und vor den nahenden Eiszeiten flüchteten!

Als wir Letzten unseres Volkes uns in unserer neuen Heimat auf dem Planeten »Tora«, den wir Erde IV nannten, eingelebt hatten, waren wir bereit, aus unserer eigenen Geschichte – dem Versagen ganzer Völker – zu lernen!

Nachdem wir »menschliches Denken« auf »Tora« überwunden hatten, wurden von unseren riesigen Rechenzentren und »Computergehirnen« Lebens- und Wirtschaftsmodelle entwickelt, die jeden einzelnen von uns als »gleiches Individuum« unter »Gleichen« berücksichtigten:

- Reich und Arm
- Hunger und Überfluss
- Siechtum/Krankheit und gekaufte Gesundheit der Reichen
- Herren und Sklaven

**...das Alles gab es bei uns nicht mehr!**

Mit Ausschalten des früheren ungezügelten Egoismus brach für uns alle eine neue Zeit an!

Das, mein Sohn, was Du heute noch in den Handlungen der »Star Trek-Filme« auf Erde I siehst, ist natürlich nur »fantastisches Gespinst« der Menschen dort.

Wie die heutigen Menschen nun einmal gepolt sind, so stellen sie sich natürlich auch intergalaktisches Leben außerhalb ihres Sonnensystems vor.

Wenn ihre Filmraumschiffe ferne Welten erreichen, dann gibt es natürlich sofort wieder

- Neid
- Hass
- Unterdrückung

- Streben nach Macht bis hin zur Weltherrschaft

Alles einzuordnen unter dem Sammelbegriff:
**»UNGEZÜGELTER EGOISMUS«.**

Wesen, auf die man bei intergalaktischen Reisen stößt, können ja nur böse, verschlagen, hinterhältig und herrschsüchtig sein!

Weil dies so in den archaischen Denkschemata der Menschen eingeprägt ist, müssen Begegnungen mit außerirdischem Leben auch stets zu Gewalttätigkeiten mit Stich-, Hieb-, Feuer- und Laserwaffen führen.

Die »Star Trek-Filme« zeigen dieses Denken, das wie ein Gesetz auch die fiktiven Geschehnisse in den filmisch aufbereiteten Abenteuern im interstellaren Raum bestimmt.

**Unmittelbar nach unserem furchtbaren Versagen auf Erde I und der anschließenden Besiedelung des Planeten »Tora« bewegten unser Volk nur noch zwei Fragen:**

- **Ist jede »Intelligente Spezies«, vergleichbar den Fähigkeiten der »Toraner«, dazu verdammt, sich selbst zu vernichten?**
- **Ist dies ein ungeschriebenes Gesetz, das für alle Zeiten Gültigkeit hat – oder ist das eigene Volk imstande, sich selbst zu retten, indem es aus seiner eigenen Geschichte lernt?**

Deshalb haben wir damals auf »Tora« das Folgende beschlossen:

- **Wir wollen einen Großversuch durchführen.**
- **Wir möchten wissen, ob eine Rasse wie die unsere die gleiche Entwicklung durchmacht, wenn sie Bedingungen vorfindet, wie auch wir sie damals auf der Erde I vorfanden.**

Und nun staune, mein Sohn:

**So setzten wir vor 200.000 Jahren in Afrika auf dem menschenleeren Planeten Erde I tatsächlich zwei Wesen aus, die mit dem heutigen »Homo sapiens« genetisch weitgehend übereinstimmen – einen**

**jungen Mann und eine junge Frau mit tiefschwarzer Hautfarbe!**

Sie waren im Unterschied zu anderen Lebensformen mit Intelligenz und einem Körperbau ausgestattet, der es ihnen in weitestem Sinne erlaubte, aufrecht zu gehen und primitive Werkzeuge für die Nahrungsbeschaffung herzustellen.

Damit ist auch das große Buch der Menschen, die Bibel, in Teilen bestätigt. Das, was sie in dieses Buch schreiben, ist also – bis auf die Gottesherkunft und die Hautfarbe – wahr:

**Der schwarze Adam und die schwarze Eva sind tatsächlich der »Urvater« und die »Urmutter« der Menschheit!**

Von nun an verfolgten viele Universitäten auf »Tora« wie aus einem schwarzen Menschenpaar, nennen wir es ruhig so, wie aus diesem Paar über sieben Milliarden Menschen des 21ten Jahrhunderts auf Erde I wurden – weiße, gelbe, braune, rote und auch schwarze!

Die Zielsetzung, die wir uns für diesen Großversuch selbst vorgaben, lautete:

Herausfinden, ob sich die Spezies »Mensch« genau so entwickelt wie wir »Toraner«.

- **Wird die Spezies »Mensch« möglicherweise aus der eigenen Geschichte lernen, so dass sich einmal begangene Fehler nicht wiederholen?**
- **Wird sie möglicherweise sogar schneller lernen als wir oder wird sie sich umgekehrt noch schneller als wir in den Abgrund einer selbstzerstörerischen Apokalypse des kleinen Erdballs manövrieren?**

Das sind Fragen, die für uns nicht nur von historischem Interesse sind, sondern die auch uns durch die möglichen Schlussfolgerungen vor Fehlentscheidungen in der Zukunft bewahren können. Auch wir sind nicht für alle Zeit gefeit, Fehler von weitreichender Bedeutung für unser weiteres Leben zu machen.

Da wir auf Erde II ähnliche Bedingungen vorfanden wie auf Erde I wurde der gleiche Großversuch auch dort durchgeführt. Die neuen Einwohner nannten wir »Keraner«.

Damit gab es zwei Großversuche auf zwei ähnlichen, Millionen Lichtjahre voneinander entfernten Planeten. Da beide Versuche zeitgleich begannen, boten sich immer wieder Vergleichsmöglichkeiten mit Hilfe von Kontrollen:

Zwei Pärchen mit pechschwarzer Haut waren aller Ausgang und erfüllten unser eigenes Volk mit einem geradezu unbändigen Interesse, was denn so aus den beiden hübschen Mädchen und den ansehnlichen Jünglingen werde – ein Zwischenergebnis sehen wir heute im Jahre 2019 gemäß der Zeitrechnung auf Erde I, der »Menschenerde«.

Damit absolut sicher gestellt war, dass die Langzeitversuche auf der »Menschenerde« und der »Keranererde« völlig eigenständig ohne jede Einflussnahme von außen durchgeführt werden konnten, ist in unserer Verfassung bereits in der Präambel festgelegt:

*[...] Die weitere Entwicklung der Menschen und auch der »Keraner« muss ohne jede Einflussnahme der »Toraner« stattfinden. Einmischen in die Belange der dortigen Völker ist von Seiten jedes »Toraners« ausgeschlossen. Selbst bei Ereignissen wie Erfindungen, Großbauwerken, Kriegen, Seuchen, Mordtaten, Terrorakten und anderen Grausamkeiten gibt es von Seiten der »Toraner« keinerlei Unterstützung.*

*Die Hauptuniversität auf »Tora« begleitet beide Langzeitversuche wissenschaftlich, koordiniert alle gleich gearteten Anstrengungen weiterer Universitäten und gibt der Regierung und dem Volk auf »Tora« alljährlich ausführlich Rechenschaft.*

*Jeder Bewohner auf »Tora« ist über riesige Computer derart mit den anderen beiden Erden vernetzt, so dass jeder Erwachsene, aber auch jedes Kind, die dortigen Geschehnisse im Detail verfolgen kann – übergroße Plasmafernsehschirme auf »Tora« gestatten die Beobachtung jeder auch noch so kleinen Handlung.*

Du fragst Dich sicherlich, mein Sohn, ob denn von uns »Toranern«, nach unserem viele Millionen Jahre langen »Gastspiel« auf der »Menschenerde« gar nichts übrig geblieben ist.

In der Tat haben große und kleine Eiszeiten die Erdoberfläche derart verändert, dass es praktisch nichts gibt, was an uns erinnert.

Es sind nach uns neue Landmassen, Gebirge, Ozeane, ja ganze Kontinente an anderer Stelle entstanden. Und doch ließ vor einigen Jahren ein Fund auf der »Menschenerde« aufhorchen:

Eine kleine, menschenähnliche Figur wurde in Bernstein eingeschlossen gefunden – datiert auf ein Alter von mehreren Millionen Jahren!

*Gab es nun doch schon »menschliche Wesen« auf Erde I, Millionen Jahre alt?* – war die Frage der Wissenschaft.

Natürlich gab es das – die Antwort kann ich geben, mein Sohn – nur es ist nicht das Abbild eines **»frühen Vorfahren«** der Menschen, wenn man die Entwicklungslinien ihres Stammbaums heranzieht, sondern eines der »Toraner«.

Aber, wenn man so will, ist die in Bernstein gefundene Figur damit auch gleichzeitig die Nachbildung eines frühen Vorfahren der Menschen, weil diese von den »Toranern« als deren Abkömmlinge auf der »Menschenerde« angesiedelt wurden.

Es gibt ja auch bei den Menschen die Theorie, dass das organische Leben nicht von der Erde stamme, sondern aus dem Weltall »**zugeflogen**« sein könnte – egal, ob als Mikrobe oder in einer anderen Lebensform.

So müssen wir »Toraner« natürlich ein wenig lächeln, wenn wir das eben Erläuterte hören. Es stimmt in diesem Falle natürlich beides:

- die »Toraner« entwickelten sich aus den Stoffen ihres ehemaligen Heimatplaneten Erde I. Damit sind die Menschen heute indirekt als Nachkommen der »Toraner« ebenfalls ein Produkt der genannten Stoffe und der gleichen Erde
- der Mensch kam aber auch aus dem All zur Erde »geflogen« – und das in diesem Falle nicht in Form von Mikroben, sondern bereits »fertig« als schwarzer Adam und seinem Weib, der schwarzen Eva!

So ist es, mein Sohn, manchmal ist beides falsch, aber manchmal ist auch beides richtig!‹

›Zum Abschuss möchte ich, Dir mein Sohn, noch einen wichtigen Hinweis geben, der hilfreich ist, die Menschen besser zu verstehen:

Du entsinnst Dich der auf den Seiten 74-76 des vorliegenden Buches noch nicht beantworteten Frage:

›Wie ist es zu erklären, dass die Menschen innerhalb von nur 200.000 Jahren **derart »BÖSE«** geworden sind, so dass heute im Jahre 2019 Mörder, Kriegsverbrecher, Bankräuber,

Kindesschänder, Betrüger, Diebe u.s.w. in sehr großer Zahl in allen 200 Ländern auf der Menschenerde zu finden sind?‹

Die Antwort:

Es ist nicht so, wie am 23.07.2019 in n-tv unter dem Titel »Geschichte der Erde im Zeitalter des Menschen«[34] vermutet wird, dass sich **die großen Gehirne des Menschen** (Homo sapiens) innerhalb von etwa 300.000 Jahren bis 2019 auf Grund der Klimaveränderungen auf der Erde entwickelt haben könnten.

Es ist vielmehr so, dass wir »Toraner« den ersten beiden Menschen, dem »schwarzen Adam« und der »schwarzen Eva«, vor 200.000 Jahren (200.000 v.Chr.) viel größere Gehirne gegeben haben, als die Gehirne, die zum gleichen Zeitpunkt bei allen bekannten Primaten einschließlich der Affen auf der »Menschenerde« zu finden waren.

**Für die Größe der Gehirne vom »schwarzen Adam« und der »schwarzen Eva» beim Aussetzen in Afrika haben wir Gehirne unserer eigenen Spezies als Vorlage genommen, wie wir sie nach einer Entwicklungsphase unserer Völker damals auf der »Menschenerde« nach 8 Millionen Jahren unser eigen nannten** (etwa 57.000.000 v.Chr., nach Zeitrechnung der Menschen).

Unter dieser Prämisse ist es möglich, dass das **»BÖSE«** der Menschen im Jahre 2019 nach nur etwa 200.000 Jahren ihrer Evolution derart ausgeprägt ist.‹

›Das war aber eine interessante und sehr lehrreiche Geschichtsstunde‹, bedanke ich, »Immo«, mich als Sohn bei meinem Vater.

Man wird sehen, inwieweit die geschichtliche Entwicklung der »Toraner«, Menschen und »Keraner« mir helfen wird, die weiteren Umstände um das Tun der Bewohner von Erde I zu verstehen und in größeren Zusammenhängen beurteilen zu können.

›Werde ich die mir gestellte Aufgabe nun möglicherweise besser bearbeiten können, nachdem ich so viel über die Entstehung und Entwicklung der Menschen und auch deren Abhängigkeit von uns »Toranern« erfahren habe?‹, frage ich mich und bin im Hinblick auf die zu lösende Aufgabe sehr zuversichtlich.

Nachdem ich Ihnen, verehrter Leser, seitenlang pessimistische Gedanken aus der Vergangenheit der »Toraner« vorgetragen habe, anwendbar auf die heutige Menschheit des Jahres 2019 , keimt aber auch so etwas wie Hoffnung auf, vergleichbar dem

Pflänzchen, das soeben die obere Erdkruste durchbrochen hat, wenn man betrachtet, was da in jenem kleinen Land, mit Namen ehemalige DDR 1990/1991 stattfand. Zum jetzigen Zeitpunkt (2019) lautet die alles entscheidende Doppelfrage, der sich auch mein Vater anschließt:

1. **Werden sich die Menschen selbst zugrunde richten durch** Kriege, Terrorismus, Vernichtungswaffen mit Atombomben und Gas, Zerstörung der Umwelt, Verseuchung der Lebensmittel und des Wassers, Duldung und Vergrößerung der Schere zwischen Arm und Reich mit der andauernden ungerechten Verteilung aller erwirtschafteten Güter, Uneinigkeit bei der Lösung des »weltweiten« Flüchtlingsproblems, **Nichtbeherrschung der nahenden »Roboter-Revolution«, Nichtlösung des Unrechts bei der Nichtgleichstellung von Kapital und Arbeit?**

2. **Werden sich die Menschen selbst retten durch** »sich am Schopfe packen«, um sich dann mit eigener Hilfe aus der selbst um den Hals gelegten Schlinge zu ziehen?

Es gibt nur diese beiden Möglichkeiten:

**Lösung aller wesentlichen Probleme**

oder

**Untergang der 7,6 Milliarden »Erdenmenschen«!**

Nochmals zur Vertiefung des Gesagten:

Die Auswanderung der Menschen auf einen anderen Planeten, z.B. »Erde III« in der Andromeda-Galaxie (Abb. 2), ist nicht möglich, da die Menschheit heute noch nicht über entsprechend große und schnelle Raumschiffe verfügt. Bei der heute möglichen Weltraum-Reisegeschwindigkeit von etwa 30.000 Kilometern pro Stunde, würde man **etwa 100 Milliarden Jahre** benötigen![35]

Allein wegen der noch nicht gelösten Geschwindigkeitsfrage, verbunden mit der damit benötigten Antriebsenergie, bezogen auf die »Auswanderung«, handelt es sich hier um eine rein theoretische, praktisch nicht durchführbare Überlegung.

Ich, »Immo«, habe mit größtem Interesse beobachtet, wie das kleine Volk der ehemaligen DDR-Bürger 1990/1991 ein »Neues Politisches Regierungssystem« schuf – damals zunächst nicht für andere, sondern nur für sich selbst.

Mein Vater, der mich bei meinen Studien unterstützt, geht sogar so weit, zu sagen:

**›Es ist den Machern der »Neuen DDSR-Verfassung« gelungen, die größte Geißel der Menschheit**

**– GIER und EGOISMUS bei der Jagd nach Besitz und Macht, zunächst für ihr eigenes Land, weitestgehend auszuschalten.‹**

Ich schließe mich der weitsichtigen Erkenntnis meines Vaters uneingeschränkt an und möchte ergänzen:

Es ist den Vätern der »Neuen Verfassung« gelungen, **alle Wahlberechtigten mit gültiger Stimmabgabe** des 17 Millionen Volkes an der Regierung und damit am Geschehen einer Wahlperiode maßgeblich zu beteiligen. Das ist in einem demokratischen System etwas ganz Neues.

**Es ist damit nicht mehr möglich, dass z.B. 51 % Wahlgewinner die Regierungsgewalt erlangen und 49 % Wahlverlierer innenpolitisch und außenpolitisch drangsalieren mit der Gefahr, dass es zukünftig durchaus Realität werden könnte,**

**»20 % beherrschen 100 %!«** (Beispiel Präsidentenwahl USA!)

Wahl von Donald Trump zum 45. Präsidenten der USA am 08.11.2016 mit dem Ergebnis der Demokratischen Schieflage:

***nur 63 Millionen Wähler »regieren« 313 Millionen US-Bürger!***

***nur 20% US-Bürger »herrschen« über 100% des Volkes!***

Merke: nach der »Neuen Vefassung der DDSR« würden auf die US-Regierung alle 136,6 Millionen gültigen Wählerstimmen entfallen (100%)!

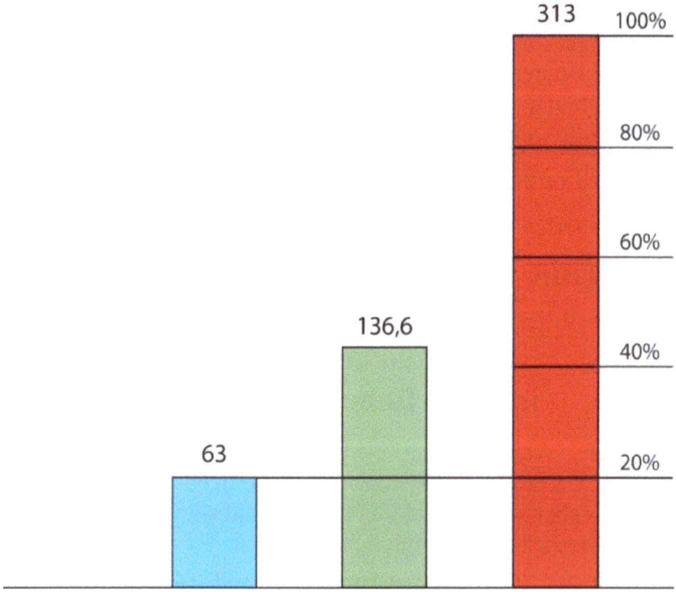


*Abb. 20 Schema, Wahlerfolg von US-Präsident Trump 2016*

*Farbe blau: 63 Millionen Stimmen erhält D. Trump*
*Farbe grün: 136,6 Millionen gültige US-Stimmen gesamt*
*Farbe rot: 313 Millionen US-Bürger insgesamt*

Die größte Ungerechtigkeit der Demokratie ist damit beseitigt. Das »Neue politische Regierungssystem« (Abb. 1 und Abb. 11) zeichnet sich dadurch aus, dass erstmals auch die **Wahlverlierer** aktiv an der Regierung beteiligt werden, ohne das Wesen der Demokratie zu beeinträchtigen

- Legislative (Parlament), Exekutive (Regierung) und Judikative (allgemeine Gerichtsbarkeit) sind eindeutig voneinander getrennt und damit in herausragender Weise eine echte positive Weiterentwicklung der beiden Politischen Systeme von BRD und DDR
- Volkskammer, Länderkammer, Staatsrat und Ministerrat sowie Oberstes Verfassungsgericht bilden damit selbständige und unabhängige Verfassungsorgane
- sie sichern die gewünschte **GEWALTENTEILUNG** und gewährleisten damit das Wesen einer »Echten Demokratie«

- hinzu kommt ein Wahlrecht für jeden Bürger, die zu besetzenden politischen Ämter, vom Volkspräsidenten bis hinunter zum kleinsten Bürgermeister, nach den garantierten demokratischen Prinzipien:

  **frei, gleich, geheim, allgemein und unmittelbar**

  zu vergeben

Es gilt weiterhin das festgeschriebene Recht auf Opposition:

**Kritik von jedermann an jedermann – parlamentarisch und außerparlamentarisch in allen Lebensbereichen.**

Die aktive Wahrnehmung dieses Grundrechtes wird von der »Neuen Verfassung« als außerordentlich erwünscht festgeschrieben und sowohl im eigenen Land wie auch im Ausland von den Menschen als vorbildlich beurteilt.

Dies bedeutet nicht, dass Parlamentarier und Regierungsvertreter im In- und Ausland »vogelfrei« sind

- gewählte Volksvertreter dürfen, ja sie sollen kritisiert werden, doch das Recht, sie zu beleidigen hat niemand!
- die Diffamierung anderer Religionen wird es nicht geben
- »Allah als Ziegenbock«, auch in der Satire, wird in der DDSR nicht zu sehen sein
- die Darstellung des/r unbekleideten Regierungschefs/ Regierungschefin vor Kindern ist undenkbar

Wie sollte sonst auch ein Politiklehrer seinen Schülern das eigene Regierungssystem erklären, wenn schon die Kleinsten keinerlei Achtung vor den Volksvertretern haben, die Papa und Mama gewählt haben mit dem Auftrag, das ganze Volk sicher, unbeschadet und weitsichtig durch alle Wirren und Hindernisse des Lebens zu führen.

**Sozialismus**,

der zweite Pfeiler der neuen Staatsform, neben dem Pfeiler

**Demokratie**,

wird interpretiert und neu formuliert festgeschrieben als

**»ZWEISTROM-SOZIALISMUS«**.

In das Gefügebild des neu anzuwendenden Sozialismus sind Gedanken des Kapitalismus eingeflossen:

KAPITAL und ARBEIT erhalten einen gleichberechtigten Status,

**Kapital und Arbeit sind gleich in der wirtschaftlichen Führung aller Groß- und Kleinfirmen der DDSR,**

## Kapital und Arbeit verbinden sich als 2 gleichberechtigte Ströme zum »Zweistrom-Sozialismus«.

In allen 100 bekannten, sich sozialistisch nennenden Staaten unterdrückten Einzelparteien und Despoten das Volk mit der Folge von Unfreiheit und Armut, wie schon beschrieben

- die unbändigsten angeborenen Gefühle des Menschen wurden brutal unterdrückt
- **Gier und Egoismus** (verstanden im weitesten Sinne auch als Selbstverwirklichung) und der unbändige Wunsch nach Freiheit.

Besonders anschauliches, aber erschreckendes Beispiel ist die DDR selbst:

Die Machthaber bauten um das ganze Land eine hohe Mauer aus Stein und Stacheldraht und schlossen 17 Millionen »Genossen« mit Waffengewalt wie in einem Hochsicherheitsgefängnis einfach weg.

*[Genosse heißt eigentlich »Freund«, wie einmal der weise, bereits verstorbene SPD Landes- und Kommunalpolitiker Hans Arnold aus Moisburg (Niedersachsen) vor Jahren seine Parteifreunde belehrte.]*

In der »Neuen Verfassung« werden die dem Menschen angeborene **Gier** und **Egoismus** in Grenzen ausdrücklich positiv beurteilt und gestattet, weil sie nun mal da sind, und im Neuen Regierungssystem in Form von »KAPITAL«, gleichberechtigt neben dem Faktor »ARBEIT«, möglichst gewinnbringend für alle eingesetzt werden sollen:

- der Schrei der Kapitalisten nach Wachstum, Wachstum, Wachstum und Profit entspringt nun einmal der Gier der Kapital- und Großgrundbesitzer

  Jeder Unternehmer soll auch weiterhin seine angeborene Gier nach Wachstum und Gewinn zu Gunsten seines Betriebes einsetzen; immerhin befinden sie sich in Konkurrenz mit vielen kapitalistisch denkenden

Nachbarn, Ländern, bei denen der Schrei nach Wachstum und Profit unüberhörbar ist, wie schon gesagt.

- der Unternehmer setzt sein »Kapital« (Geld) und sein Wirtschaftswissen ein
- die Arbeiter und Angestellten tragen zum Unternehmen den Faktor »Arbeit« (Arbeitskraft, Wissen, Gesundheit etc.) bei

Die über Jahrhunderte bekannte theoretische Erkenntnis

**›Wirtschaften ist ohne Kapital nicht möglich,**
**Wirtschaften ist aber auch ohne**
**qualifizierte Arbeiterschaft**
**nicht möglich‹,**

wird erstmals flächendeckend in einem ganzen Land praxisnah umgesetzt und per Gesetz dahingehend festgeschrieben, dass Unternehmer (Kapital) und die Arbeiterschaft in allen Betrieben der DDSR gleichberechtigt für sich und zum Wohle des ganzen Volkes gemeinsam wirtschaften.

Die Begriffe **Arbeitgeber** und **Arbeitnehmer** gibt es nicht mehr:

- vielmehr stehen nunmehr **Unternehmer** und **Arbeiterschaft** gleichberechtigt nebeneinander
- die juristische Person ist die Firma mit Firmennamen und Firmensitz
- Unternehmer und Arbeiterschaft entscheiden gleichberechtigt u.a. über Investitionen, Ausgliederung des Betriebes, personelle Einstellungen, Planung, betriebliche Zielvorgaben

  Beispielsweise Hiobsbotschaften aus früheren Zeiten, in denen Arbeitgeber tausende von Arbeitnehmern ohne deren Zustimmung entließen, wird es in der DDSR zukünftig nicht geben.

<u>Nochmals als vertiefende Erklärung:</u>

Arbeiter und Angestellte sind den Firmenchefs mit deren Kapital nicht mehr in allen betrieblichen Fragen völlig ausgeliefert mit der Erkenntnis, dass sie praktisch keinerlei Einfluss durch ihre nur formulierte aber nicht vorhandene »Schein-Mitbestimmung« haben

- **nunmehr steht die Arbeiterschaft auf einer gleichhohen Stufe wie der Unternehmer**
- **die Arbeiterschaft bittet nicht mehr um etwas »Mitbestimmung«, nein, die Arbeiterschaft trifft alle wichtigen betrieblichen Entscheidungen gleichberechtigt zusammen mit dem Unternehmer (Kapitalgeber)!**

Unternehmer und Arbeiterschaft planen und wirtschaften also gemeinsam

- am Jahresende wird unter beiden Partnern der Gewinn zu gleichen Teilen gerecht verteilt, abzüglich der Abgaben an den Staat, der dann alle Bereiche des Staatshaushaltes bedient und die verbleibenden Gelder gerecht unter den 17 Millionen verteilt
- **Reich** und **Arm** gibt es nicht mehr
- die Zeiten, in denen 60 Multimilliardäre weltweit über genau so viel Kapital und andere Güter verfügten wie die Hälfte der gesamten Menschheit (**3,7 Milliarden, 2016, ärmere Hälfte**), sollten endgültig vorbei sein!

Aber Wohlhabende und nicht so Wohlhabende wird es in der DDSR trotzdem geben

- wer viel arbeitet und hochqualifiziert ist, verdient auch mehr als andere
- alle Bedürftigen, die beispielweise ihre Arbeit durch Krankheit verloren haben und ihre Familien erhalten ein angemessenes **Grundsicherungsgehalt**
- auch der Konkurrenzgedanke, z.B. in der arbeitenden Bevölkerung, ist unbedigt erwünscht
- die **angeborene Gier des Menschen** wird damit ruhig gestellt und es gibt nur wenige Mitbürger, die sich unter dem sozialistischen Sicherheitsschirm ohne Arbeit, aber arbeitsfähig, zur Ruhe setzen – die immer wieder anzutreffenden Faulenzer, die das Wort »sozial« falsch deuten

- alles Land des Staats-Territoriums, ebenso alle Bodenschätze, gehören als Eigentum dem Staat und damit allein dem Volk
- jeder Familie stehen 600 Quadratmeter Land zum Bauen eines Eigenheimes zu, das diese in Besitz nehmen kann
- billiges Baugeld, sofern vorhanden, wird den Bauwilligen, falls bedürftig, als Langzeitdarlehen zur Verfügung gestellt
- das Recht auf Arbeit und Ausbildung ist garantiert
- ebenso freie Versorgung bei Krankheit, Arztbesuch, Medikamente, Krankengeld, Krankenhausaufenthalt, Renten, Kindertagesstätten
- Firmen und Fabriken wird das erforderliche Land zugeteilt
- ausländische Firmen sind willkommen
- **Ausländer, innerhalb oder außerhalb des Territoriums haben keinen Anspruch auf Landbesitz**
- die DDSR ist kein Land mit unkontrollierter Einwanderung
- die DDSR freut sich aber über jeden Ausländer – falls spezielle Fachkräfte benötigt werden – der arbeiten möchte und um Arbeitserlaubnis sowie Einreisegenehmigung nachsucht oder sich bewirbt
- **unkontrollierte Zuwanderung aus anderen Ländern wird es nicht geben, weil Zwietracht und Gewalt die Folge sind mit der Gefahr, dass das eigene Volk und ganze Europa gespalten wird**
- das Asylrecht für an Leib und Leben Bedrohte durch Krieg und Terror wird in der Verfassung festgeschrieben
- eine bestimmte Summe stellt der Staat alljährlich zur Verfügung, um hungernden und bedrohten Kindern weltweit zu helfen

In dem »Neuen Staat DDSR« geschieht alles unter dem Schirm der Solidarität

- **wer viel hat, gibt ab an die, die weniger haben (nicht Almosen, sondern gerechte Beträge!)**
- **wer viel weiß und klug ist, hilft dem, der nicht so klug ist**

Das Zusammenleben der 17 Millionen Mitbürger ist gekennzeichnet durch ein Nehmen und Geben unter Zuhilfenahme gerechter Verteilungsschlüssel.

Die Folge:

Ein **zufriedenes** Volk,
das in **Freiheit** und **Selbstbestimmung**
sein Glück findet,
weil sichergestellt ist:

# Das gesamte Volk bestimmt die eigenen Geschicke selbst!

Die »Neue Verfassung« zeigt sich in ihrem betrieblich wirtschaftlichen Kern besonders weitsichtig, denn sie verbindet sehr elegant Kapitalismus mit der ewigen Forderung der Arbeiterschaft nicht nur nach Mitbestimmung, sondern nach **garantierter Mitentscheidungsgewalt** innerhalb der Betriebe.

**Der Unternehmer mit seinem Kapital und die Arbeiterschaft mit ihrem Wissen und ihrer Arbeitskraft treffen gleichberechtigt alle betrieblichen Entscheidungen**

- **es ist innerhalb des »Demokratischen Sozialismus« ein Wirtschaftssystem entstanden, das sowohl**
- **Anhänger des »Reinen Kapitalismus« wie auch Verfechter des »Reinen Sozialismus« vereinigt und zu begeistern vermag**

Es ist eine

## »WIRTSCHAFTLICHE MISCHFORM«

entstanden,

die als **sinnvoll** und **gerecht** empfunden wird von allen Beteiligten:
**– dem kapitalistischen Unternehmer,**
**– der in den Betrieben tätigen Arbeiterschaft und**
**– der restlichen Bevölkerung.**

Ich, »Immo«, komme bei meinen Studien zu dem neuen politischen Regierungssystem für die

**Deutsche Demokratisch-Sozialistische Republik (DDSR)**

zum Ende und fasse zusammen:

1. Das neue Regierungssystem macht Demokratie gerechter und bildet unter dem Schirm eines neu formulierten »Demokratischen Sozialismus« eine ganz neue Regierungsform, in der sich jeder einzelne Bürger **wiederfinden** und sich **selbst verwirklichen** kann
2. In wenigen Jahren, wenn sich das neue System in der DDSR bewährt hat, kann dieses Land mit der BRD in Verhandlungen treten und zwar mit dem Ziel der Wiedervereinigung zweier Völker einer Nation
   - als kleines, aber gestärktes Land hat man eine gute Verhandlungsposition und braucht sich von dem »Großen« nicht schlucken zu lassen
   - diese Gefahr, wie Anfang 1990, ist dann nicht gegeben

Auch die BRD-SPD könnte inzwischen dazugelernt haben, was sie dann befähigt, mit den Grünen und der Linkspartei Regierung und Kanzler zu stellen

- der Zwist zwischen Lafontaine und jenem Hauruckkanzler (Schröder) dürfte dann seine Bedeutung verloren haben und beigelegt sein. Möglicherweise könnte dann das vereinigte Deutschland sogar die Verfassung der DDSR übernehmen

Ich, »Immo«, habe einen Traum, der durchaus auch realistische Züge hat. So habe ich die Hoffnung, dass sich der galaktisch übergreifende Versuch der »Toraner« zum Guten wendet:

Wir setzten vor 200.000 Jahren jenen Mann und jene Frau in Afrika aus, unter der gestellten Frage:

Werden sich die Nachkommen dieser Beiden – ich nenne sie mal Adam und Eva – also die heutigen 7,6 Milliarden »Erdenmenschen«, selbst vernichten, so wie wir »Toraner« es vor mehreren Millionen Jahren fast fertiggebracht haben, oder finden sie einen Weg sich zu retten?

Falls der eingeschlagene Weg der DDSR tatsächlich ein Erfolg wird, dann kann davon ausgegangen werden, dass die gelebte Praxis der 17 Millionen tatsächlich auf andere Völker übergeht, denn eigentlich sehnt sich die Mehrheit aller Menschen nach einem **Leben in**

- **Zufriedenheit und Glück, bei Freiheit, Sicherheit, Gerechtigkeit für jedermann, bei einem gesicherten**

**Auskommen in Gegenwart und Zukunft für sich, die Familie, die Kinder und die »Kinder der Kinder«**

Ein Volk wie das der DDSR, in der nunmehr alle Menschen ihr eigenes Schicksal durch gelebte Mitbestimmung an weittragenden Entscheidungen im politischen und wirtschaflichen Leben selbst bestimmen und sich damit auch tatsächlich

selbst verwirklichen

können, hat sicher für andere Länder Vorbildcharakter.

Es besteht durchaus die Hoffnung, dass die übrigen 200 Länder auf der »Menschenerde« den »Demokratischen Sozialismus« der DDSR übernehmen.

Dieser Prosess wird natürlich nicht ganz plötzlich vonstatten gehen. Es ist durchaus möglich, dass einige Länder sehr bald dem erfolgreichen DDSR-Modell nacheifern. Das kann immer dann der Fall sein, wenn fähige weitsichtige Politiker vorhanden sind und das Volk zum Handeln bewegen können.

Es ist allerdings zu vermuten, dass der Großteil der Länder erst dann den »Demokratischen Sozialismus« der DDSR übernimmt, wenn den Menschen das »Wasser bis zum Halse« steht – wenn für jedermann ganz deutlich wird, dass quasi der Untergang der Menschheit anders nicht mehr abzuwenden ist.

Gleiches gilt im Besonderen natürlich für die meisten Kapitalisten. Erst wenn sich Abermillionen Menschen ohne Zukunftsperspektive zur **»Neuen Völkerwanderung«** zusammenschließen, in die reichen Länder einfallen und sich mit Gewalt das nehmen, was sie für sich und ihre Kinder benötigen – erst dann, wenn Blut fließt und die Hälse der Superreichen und Reichen in Gefahr sind, dann werden die über das Kapital Verfügenden und die Geldströme Leitenden, einlenken. Sie werden erkennen, dass 1,65 und 1,95 Milliarden Euro Dividende der Firmen Daimler Benz und Deutsche Telekom immer noch besser sind als 3,3 Milliarden Euro und 3,9 Milliarden Euro wie 2018 an die Aktionäre ausgezahlt, aber mit der Gefahr verbunden, Profit, Einfluss und das Leben zu verlieren.[36]

Unter der Zukunftsversion von absolutem mörderischen Chaos erkennen Kapitalisten, ihre Vollstrecker und Berater, dass das »DDSR-Modell« Reich und Arm versöhnen kann – **ohne blutige Revolution.**

Übergroße Gier und Egoismus der Menschen, ja ganzer Völker, wandeln sich in Verständnis und Fähigkeit, unterschiedliche Meinungen und Streitigkeiten uneigennützig beizulegen

- mit der Folge, dass Knechtung anderer, Unterdrückung, ja Versklavung ganzer Völker, der Vergangenheit angehören

- der Mensch hat dann seinen größten Widersacher

den

**»MENSCHEN«**,

besiegt!

Es handelt sich in diesem Falle um ganz praktische Gedanken für **Viele** und nicht um rein theoretische Abhandlungen **Weniger**.

So hat in diesem Sinne einer der bekanntesten, doch so oft falsch interpretierten Theoretiker

– der »Große Karl Marx« –

bereits als junger Mann etwas sehr Wesentliches, bezogen auch auf die Praxis, gesagt:

›Man muss die versteinerten Verhältnisse zum Tauen bringen‹

und und in reiferen Jahren hinzugefügt:

›Die Philosophie habe dieWelt verschieden interpretiert,

es gilt aber sie zu verändern!‹

Wenn dann die USA, Russland, China, England, Frankreich, Kanada und Gernegroße wie Indien, Pakistan, Nordkorea und Israel Atomwaffen, Panzer, Schlachtschiffe, Flugzeugträger, U-Boote, Kampfbomber, Raketen und Kampfgasbestände einmotten, dann benötigen auch alle anderen Nationen keine Waffen mehr.

**Und auch bei dem »Europa der 27« gibt es keinerlei Notwendigkeit, eine gemeinsame Kriegsmacht zu werden, wie von einigen vor der Europawahl 2019 gefordert.**

Dann ist der Moment gekommen, davon ist auch mein Vater auf unserem so weit von der »Menschenerde« entfernten Planeten »Tora« überzeugt:

**Wir, die »Toraner«, als eigentliche Vorfahren der Menschen**

- könnten uns den Menschen nunmehr zu erkennen geben
- wir mit unserer Millionen Jahre alten Technikentwicklung könnten den Menschen in allen Lebensbereichen helfen

Da die Menschen durch ihre Selbstrettung dann etwas geschaffen haben, wozu wir »Toraner« vor Millionen von Jahren nicht in der Lage waren, kann man davon ausgehen, dass wir »Hochentwickelten« von unseren Nachkommen sicherlich auch eine ganze Menge lernen können.

**Auch Karl Marx, jener große Philosoph und Revolutionär des 19ten Jahrhunderts mit seinen umfassenden theoretischen Abhandlungen über Kapitalismus, Proletariat und Revolution verliert seine Bedeutung – Kommunismus kann die Menschen nicht mehr ängstigen.**

Die große Gefahr des falsch verstandenen Kommunismus, wie erlebt in Russland, China und der damaligen DDR verliert seinen Schrecken. Das von Marx vorgelegte theoretische Werk vom Unsinn des reinen Kapitalismus, kann aufgrund der fehlenden maxschen Anleitung zur praktischen Einführung des Kommunismus von Despoten nicht wieder zu einer Diktatur umgedeutet werden, falls man die Verfassung der »Neuen DDSR« als vorbildlich betrachtet und ihr folgt.

Unter dieser hoffnungsvollen Entwicklungsaussicht für uns »Toraner« und die Menschen beschließe ich, »Immo«, der Junge vom fernen Planeten »Tora«, meine Studienarbeit und verabschiede mich vom Leser

**– vielleicht bis bald, bei einem sicherlich freundschaftlichen Kennenlernen."**[37]

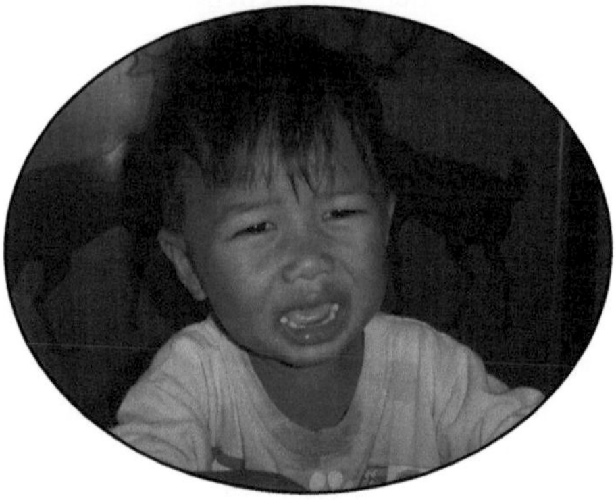

**KINDER in HUNGERSNOT**

***HELFEN bringt auch dem Helfenden Zufriedenheit!***

Lesen Sie bitte auch die nächste Seite.

*Foto mit freundlicher Genehmigung N. Khoyun, Insel Sylt, Deutschland*

Wir sausen auf teuren Rennrädern aus Carbon durch die Gegend,

- genießen auf chromblitzenden Choppern die herrliche Natur,
- fahren mit PS-starken Nobelkarossen in Urlaub,
- kreuzen mit Segel- und Motorjachten über die Meere,
- fliegen in Sportflugzeugen durch Gottes Himmel

… und das alles nur zum Spaß!

Auf der anderen Seite stirbt alle 3 Sekunden ein Menschenkind, weil es nichts zu trinken und auch nichts zu essen hat.

Tsunamis, Erdbeben und von uns selbst verursachte Katastrophen verstärken dieses unsägliche Leid – und bringen jenen »Ball«, den wir großspurig »Welt«, aber wegen seiner Winzigkeit und Anfälligkeit auch »Erde« nennen, fast zum Zerbrechen!

Genießen wir weiter unseren verdienten Wohlstand, aber öffnen wir auch unser Herz für großes Leid und großes Unrecht, unmittelbar vor der eigenen Haustür!

***Wechseln wir vom REDEN zum TUN!!!***

Dazu habe ich mir zwei Fragen gestellt:

1. Wie ordne ich meine derzeitige Lebenssituation auf einer Befindlichkeitsskala ein:
   - hervorragend
   - zufriedenstellend
   - einigermaßen
   - schlecht.

2. Kann ich ein wenig an die abgeben, die nicht einmal genug zu Essen und zu Trinken haben?

Die Beurteilung auf der Skala für mich selbst ergibt: **hervorragend.**

Deshalb werde ich von jedem verkauften Buch 5 % meines Autorenhonorars für Kinder verwenden, die sich in Hungersnot befinden.

Ich bitte alle Menschen, sich ebenfalls die Fragen 1 und 2 zu stellen und dann nach einer ehrlichen Antwort den Weg zu einem Spendenkonto zu finden.

Es bedankt sich sehr herzlich Ihr H. Neubacher, Autor.

# Bildnachweise

Abb. 1 Schema, Regierungssystem der Deutschen Demokratisch-Sozialistischen Republik (DDSR) seit dem Jahre 1991 – nach der Idee des Verfassers

Abb. 2 Schema, Darstellung der Andromeda-Galaxie und die Lage von vier Planeten, die alle die Bezeichnung »Erde« führen – nach der Idee des Verfassers

Abb. 3 »Immo«, ein Junge auf dem Planeten »Tora« (links) und seine Mutter (rechts) – nach der Idee des Verfassers

Abb. 4 Jesus, © Renáta Sedmáková, AdobeStock

Buddha, Copyright des Fotos ist beim Verfasser, Figur ist Eigentum des Verfassers

Abb. 5 **Alexander der Große**, https://upload.wikimedia.org/wikipedia/commons/a/a1/AlexanderTheGreat_Bust_Transparent.png

**Karl der Große**, https://upload.wikimedia.org/wikipedia/commons/b/b5/Aachen_Domschatz_Bueste1.jpg

**Otto der Große**, https://commons.wikimedia.org/wiki/File:Herscherpaar MagdeburgCathedral.jpg

**Katharina die Große**, https://commons.wikimedia.org/wiki/File:Catherine_II_by_J.B.Lampi_(1780s,_Kunsthistorisches_Museum).jpg

**Friedrich der Große**, das Bild ist wegen der abgelaufenen Schutzfrist - gemeinfrei, https://upload.wikimedia.org/wikipedia/commons/9/90/Friedrich_Zweite_Alt.jpg

Abb. 6 Adolf Hitler, https://commons.wikimedia.org/wiki/File:Bundesarchiv_Bild_102-13774,_Adolf_Hitler.jpg

Abb. 7 Adolf Hitler, siehe Abb. 6

Jesus, siehe Abb. 4

Buddha siehe Abb. 4

Abb. 8 Helmut Schmidt, pa picture alliance, Frankfurt

Jesus, siehe Abb. 4

Buddha siehe Abb. 4

Abb. 9 2 Bilder,vorbehalten für den Staatsrats-Präsidenten (StRPräs) und den Ministerrats-Präsidenten (MiRPräs) laut Verfassungsschema Seite 60, Abb. 11 – die Genehmigung für die Veröffentlichung der beiden Bilder liegt dem Autor vor

Abb. 10 Schema, Staatsrat (StR) und Ministerrat (MiR), Regierungssitz der Regierungschefs der DDSR (entnommen Schema Seite 60, Abb. 11)

Abb. 11 Schema, Regierungssystem der Deutschen Demokratisch-Sozialistischen Republik (DDSR) seit dem Jahre 1991 – nach der Idee des Verfassers
siehe Abb. 1

Abb. 12 Das Weltumseglerschiff »Beagle« von Charles Darwin Reisedauer von Dezember 1831 bis 1836 / Schiffstyp: Sloop / Takelung: Brigg/ Länge über Alles: 27,43 Meter/ Besatzung: 60 bis 64 Mann/ Stapellauf 1820)
AdobeStock, Bilddatei-Nr. 162336217, erweiterte Lizenz, Archivist/stock.adobe.com

Abb. 13 https://www.planet-wissen.de/geschichte/urzeit/afrika_wiege_der_menschheit/pwiederaufstiegdesmenschen100.html

Abb. 14 Skala, »GUT« – »BÖSE« für alle Menschen – nach der Idee des Verfassers

Abb. 15 Landkarte der BRD, Einwohnerzahlen als Vergleich zu der Anzahl der auf der Erde lebenden Mörder
– nach der Idee des Verfassers

Abb. 16 Diagramm, entnommen von www.jjahnke.net, dort als Quelle: Statistisches Bundesamt, 15.01.08, Arbeitnehmerentgelt mit Verbraucherpreis-, Unternehmens- und Vermögenseinkommen mit BIP-Inflator bereinigt – mit Veränderungen durch den Verfasser

Abb. 17 »Immo«, ein Junge auf dem Planeten »Tora« mit seiner Mutter, siehe Abb. 3

Abb. 18 »Ata«, der nur bleistiftgroße Skelettkörper aus der Atacama-Wüste/Chile
[Quelle: Stanford University, Steven M. Greer]
https://www.tumblr.com/tagged/steven-greer

Abb. 19 Schema, Der »Weltraum« zusammengefaltet wie ein Blatt Papier: Der Weg von A nach B wird deutlich verkleinert auf die Entfernung A' nach B' – nach der Theorie verschiedener Wissenschaftler

Abb. 20 Schema, Wahlerfolg von US-Präsident Trump 2016 Wir sind das Volk – Bruch der Schere zwischen Arm und Reich, BOD Norderstedt, 2017, Seite 158

# Quellen


1 Platon, Philosoph
https://www.bk-luebeck.eu/zitate-platon.html

2 Aristoteles, griechischer Philosoph, Schüler Platons, Lehrer Alexanders des Großen von Makedonien
Quelle: Aristoteles, Politik. 1324a. Übersetzt von Christian Garve (1803)
https://www.aphorismen.de/zitat/

3 Jean-Jacques Rousseau
http://zitate.net/jean-jacques-rousseau-zitate

4 Abraham Lincoln, Rede in Pretoria, 16.10.1854
https://www.gutzitiert.de/zitat_autor_abraham_lincoln_thema_diktatur_zitat_6378.html

5 Wladimir Iljitsch Lenin, eigentlich Wladimir Iljitsch Uljanow Russischer Revolutionär und sowjetischer Staatsmann
https://www.aphorismen.de/zitat/

6 Josef Wissarionowitsch Stalin, Sowjetischer Politiker gregorianischer Herkunft und Diktator der Sowjetunion (1927-1953)
https://1000-zitate.de/autor/Josef+Stalin/

7 Adolf Hitler, Deutscher Diktator, Punkt 4 des NSDAP-Programms vom 24. Februar 1920!
http://www.quotez.net/german/adolf_hitler.htm

8 Donald Trump, amerikanischer Politiker, 45. Präsident der USA, "US-Politik im News-Ticker: US-Präsident Trump droht dem Iran auf Twitter mit Auslöschung"

https://www.focus.de/politik/ausland/us-politik-im-news-ticker-erster-republikanischer-abgeordneter-fuer-amtsenthebungsverfahren-gegen-trump_id_10731147.html

9 contra-magazin, 19.04.2017, "Venezuela vor dem Bürgerkrieg – Maduro bewaffnet 500.000 Milizionäre" https://www.contra-magazin.com/2017/04/venezuela-vor-dem-buergerkrieg-maduro-bewaffnet-500-000-milizionaere/

10 Wir sind DAS VOLK, BRUCH der SCHERE zwischen ARM und REICH, Eine Steitschrift, BoD, 2017

11 Wir sind DAS VOLK,... a.a.O, Seiten 48-50

12 Wir sind DAS VOLK,... a.a.O, Seite 165f

13 Wir sind DAS VOLK,... a.a.O, Seite 48-50

14 Gerd Leonhard, Technology vs. Humanity, Unsere Zukunft zwischen Mensch und Maschine, Verlag Franz Vahlen, München, ohne Jahresangabe, Seite 11

15 Weltbevölkerung wächst sekundenschnell, 27.12.2018 https://www.br.de/themen/wissen/weltbevoelkerung-bevoelkerungswachstum-menschen-erde-welt-100.html

16 Thomas Mann, Die vertauschten Köpfe und andere Erzählungen, Fischer Taschenbuch Verlag, 2010, S. 7ff

17 Spiegel online, DER SPIEGEL 31/1958 https://www.spiegel.de/spiegel/print/d-41762045.html

18 Vergl. Thomas Jefferson, Unabhängigkeitserklärung der USA von 1776 https://de.wikipedia.org/wiki/Unabh%C3%A4ngigkeitserkl%C3%A4rung_der_Vereinigten_Staaten

19 Charles Darwin, Entstehung der Arten, 24. November 1859, Herausgeber: Richard Leakey

Charles Darwin, Die Abstammung des Menschen und die geschlechtliche Zuchtwahl, 24. Februar 1871, Verlag: John Murray

20 Mutter Theresa, Realname Anjezë Gonxhe Bojaxhiu (26. August 1910 – 05. September1997), indische Ordensschwester und Missionarin albanischer Abstammung https://de.wikipedia.org/wiki/Mutter_Teresa

21 A. B., Norwegischer Massenmörder, dessen Name nicht genannt wird (besser wir vergessen ihn!), geboren 13. Februar 1979, verurteilt zu 25 Jahren Haft mit anschließender Sicherheitsverwahrung wegen Mord an 77 Personen am 22. Juli 2011 in Norwegen
https://de.wikipedia.org/wiki/Anders_Behring_Breivik

22 https://www.stern.de/panorama/weltgeschehen/morde--statistik-zeigt---das-sind-die-laender-mit-der-hoechsten-mordrate-weltweit-6667402.html
veröffentlicht am 26. Januar 2016, 18:58 Uhr

Nach obiger Quelle kann davon ausgegangen werden, dass jährlich im Schnitt weltweit 437.000 Menschen ermordet werden.

Danach ergibt sich hochgerechnet:

36 Jahre lang (1983 bis 2019)
437.000 x 36 Jahre = 15.732.000 Mörder innerhalb von 36 Jahren

| | | |
|---|---|---|
| bereits gestorben: | 437.000 | Mörder (grobe Schätzung) |
| 2019 sind | 15.295.000 | lebende Mörder unter uns (als grobe Überschlagsrechnung) |

23 https://de.statista.com/statistik/daten/studie/1353/umfrage/einwohnerzahlen-der-grossstaedte-deutschlands/

24 Wir sind DAS VOLK,... a.a.O, Seite 51

25 Grundgesetz, Artikel 67 "Konstruktives Misstrauensvotum"
https://de.wikipedia.org/wiki/Misstrauensvotum

26 10 Gebote, Grundlage der christlichen Ethik
https://www.ekd.de/Zehn-Gebote-10802.htm

27 https://www.deutschlandfunkkultur.de/das-frauengefaengnis-bakirkoey-in-istanbul-knast-mit.979.de.html?dram:article_id=435662

28 Die Geschwindigkeit des Lichtes (Lichtgeschwindigkeit) beträgt etwa 300.000 Kilometer pro Sekunde

29 Der Erdumfang der »Menschenerde«, gemessen am Äquator, beträgt etwa 40.000 Kilometer

30 1 Lichtjahr entspricht etwa 10 Billionen Kilometer – errechnet aus: 1 Jahr in Sekunden:

365 Tage x 24 Stunden x 60 Minuten x 60 Sekunden
≈ 31.000.000 Sekunden

1 Lichtjahr in Kilometern:
31.000.000 Sekunden x 300.000 Kilometer/Sekunde
≈ 10.000.000.000.000 Kilometer (10 x 1012 Kilometer)
= 10 Billionen Kilometer (bitte nachrechnen!)

vergleiche Wir sind DAS VOLK,… a.a.O, Seite 147

31 »Eine Frage der Gene: Die Menschheit eine große Familie?«, Arte Themenabend am 18.10.2011 https://programm.ard.de/TV/arte/eine-frage-der-gene/eid_287246837866989

32 »Eine Frage der Gene: Die Menschheit eine große Familie?«, Arte Themenabend am 18.10.2011, siehe Quellenangabe [30]

33 Siehe dazu auch das bekannteste altindische Epos das »Mahabharata« mit Atombomben, Flugzeugen und Krieg https://de.wikipedia.org/wiki/Mahabharata

34 NTV 23.7.2019, »Geschichte der Erde im Zeitalter des Menschen«

35 1 Jahr in Sekunden:
365 Tage x 24 Stunden x 60 Minuten x 60 Sekunden
≈ 31.000.000 Sekunden

1 Lichtjahr in Kilometern:
31.000.000 Sekunden x 300.000 Kilometer/Sekunde
≈ 10.000.000.000.000 Kilometer (10 x 1012 Kilometer)
= 10 Billionen Kilometer (bitte nachrechnen!)

Entfernung zur Andromeda-Galaxie in Kilometern:
2.500.000 (Lichtjahre) x 10 Billionen Kilometer
≈ 2,5 x 1019 Kilometer

Reisezeit zur Andromeda-Galaxie in Jahren (bei 30.000Km/h):
2,5 x 1019 Kilometer/(365 Tage x 24 Stunden)
≈ 100.000.000.000 Jahre
= 100 Milliarden Jahre

Wir sind DAS VOLK,… a.a.O, Seite 157

36 https://www.boerse-online.de/nachrichten/aktien/rekord-dividenden-im-dax-so-hoch-wie-nie-zuvor-welche-aktien-sich-lohnen-1027865691

37 Wir sind DAS VOLK,… a.a.O, Seite 165f

## Verwendete Abkürzungen

| | |
|---|---|
| **DDSR** | Deutsche Demokratisch-Sozialistische Republik |
| **DDR** | Deutsche Demokratische Republik |
| **OVerfG** | Oberstes Verfassungsgericht |
| **VK** | Volkskammer |
| **LK** | Länderkammer |
| **VOPräs** | Volkspräsident |
| **StR** | Staatsrat (Regierung 1) |
| **StRPräs** | Staatsratspräsident |
| **MiR** | Ministerrat (Regierung 2) |
| **MiRPräs** | Ministerratspräsident |
| **BRD** | Bundesrepublik Deutschland |
| **BR** | Bundesrat der BRD |
| **GG** | Grundgesetz der BRD |
| **KI** | künstlicher Intelligenz |

## Kontakt zum Autor

Helmar Neubacher

Website: www.pyramidenbau-aegypten.de

Website: www.schaduf-book.de